D1574437

Schrader-Motor-Chronik

VOMAG

Lastwagen aus dem Vogtland

Schrader-Motor-Chronik

VOMAG
Lastwagen aus dem Vogtland

Eine Dokumentation von Christian Suhr

Einbandgestaltung: Katja Draenert
Titelbilder: VOMAG Archiv® Christian Suhr
Bildnachweis: VOMAG Archiv® Christian Suhr

Eine Haftung des Autors oder des Verlages und seiner Beauftragten
für Personen-, Sach- und Vermögensschäden ist ausgeschlossen.

ISBN 3-613-87264-1

1. Auflage 2004
Copyright © by Motorbuch Verlag, Postfach 10 37 43, 70032 Stuttgart
Ein Unternehmen der Paul Pietsch Verlage GmbH + Co

Sie finden uns im Internet unter
http://www.paul-pietsch-verlage.de

Nachdruck, auch einzelner Teile, ist verboten.
Das Urheberrecht und sämtliche weiteren Rechte sind dem Verlag vorbehalten.
Übersetzung, Speicherung, Vervielfältigung und Verbreitung
einschließlich Übernahme auf elektronische Datenträger wie CD-ROM, Bildplatte usw.
sowie Einspeicherung in elektronische Medien wie Bildschirmtext, Internet usw.
sind ohne vorherige schriftliche Genehmigung des Verlages unzulässig und strafbar.

Lektorat: Martin Gollnick
Innengestaltung: Viktor Stern
Reproduktion: digi bild reinhardt, 73037 Göppingen
Druck: Maisch & Queck, 70839 Gerlingen
Bindung: Karl Dieringer, 70839 Gerlingen
Printed in Germany

Inhalt

Vorwort 6

Ein Blick in die Geschichte 7

Erste Lastwagen-Generation 11

Straffung des Typenprogramms 32

Dreiachser (I) 46

Der Schnelllastwagen 51

Wiederbelebung des Fünftonners 63

Die Sechseinhalbtonner 74

Dreiachser (II) 84

Moderne Kriegstypen 89

Vorwort

Vor gut einem halben Jahrhundert wurde die VOMAG als einzige deutsche Automobilmarke Opfer konsequent durchgesetzter Beschlüsse der alliierten Sieger. Keine andere deutsche Marke wurde so vollständig und total ausgelöscht. Der einstmals weltbekannte Markenbegriff wurde getilgt, das Fachpersonal in alle Winde verstreut, ja sogar die Gebäude wurden abgetragen. Es schien, als ob nichts und niemand mehr sich an die VOMAG erinnern sollte. Wie gesagt: Nur die VOMAG wurde nach dem Zweiten Weltkrieg bis auf die Grundmauern geschliffen – und das wegen einer Panzerproduktion, die sich über den vergleichsweise geringen Zeitraum von noch nicht einmal zwei Jahren erstreckt und eine Gesamtstückzahl erreicht hatte, wie sie von Daimler-Benz und Krupp in einem Monat abgeliefert worden war.

Dem gegenüber standen dreißig Jahre bedeutender Produktion im zivilen Sektor und ein vorzüglicher Ruf, den die Lastwagen und Busse aus Plauen genossen hatten.
Als »überlebt« und »beseitigt« kann man unterdessen leider auch fast alle Produkte dieser Firma bezeichnen. Weltweit sind der Nachwelt nur vierzehn komplette VOMAG-Lastwagen (einer davon im Besitz des Autors) und diverse Fragmente aus dem Zweig des Fahrzeugbaus erhalten geblieben. Dieses Buch erinnert an eine kleine, aber feine Nutzfahrzeugmarke, um die sich wohl auch wegen ihres Untergangs viele Legenden ranken. In einem kurzen Abriss sollen hier nochmals die Höhepunkte der VOMAG-Wagen nachvollzogen werden.

Christian Suhr

Ein Blick in die Geschichte

Als am 28. Oktober 1881 die beiden Namensvettern Johann Conrad Dietrich und Paul Hermann Dietrich zusammen eine Stickmaschinenfabrik im vogtländischen Plauen aus der Taufe heben, ist längst nicht daran zu denken, dass diese Firma fünfzig Jahre später zu den großen deutschen Automobilmarken gehören, weitere fünfzig Jahre später aber bereits wieder so gut wie vergessen sein wird. Im Gründungsjahr der »Stickmaschinenfabrik J.C. & H. Dietrich« ist das Automobil selbst noch gar nicht erfunden. Die westsächsische Region um Plauen hatte in den vorangegangenen Jahrzehnten gerade den Niedergang des Bergbaus überwunden. Mittlerweile war es gelungen, durch Tuchmacherei, Flachs- und Wollverarbeitung und besonders durch die Weißstickerei einen bescheidenen Wohlstand in das südwestliche Sachsen zu holen. Bis zum heutigen Tage ist das Vogtland für die so genannte »Plauener Spitze« weltbekannt. Nur wenige wissen dabei, dass einen gewaltigen Anteil an deren Blütezeit zu Beginn des 20. Jahrhunderts auch die einstige Maschinenfabrik der beiden Herren Dietrich hatte.

Die mit der vogtländischen Spitzenfabrikation konkurrierende Zunft in der Schweiz verschaffte sich 1829 einen erheblichen Wettbewerbsvorsprung, als der Elsässer Josua Heilmann in Mühlhausen die Stickmaschine erfand. Die Plauener sahen sich zu diesem Zeitpunkt hinsichtlich Effektivität und Ausstoß weit hinter die Schweizer Kollegen zurückfallen. Als einziger Ausweg ihrer bedrohten Existenz erschien ihnen, sich auf illegale Weise im Oktober 1857 zwei Stickmaschinen aus der Schweiz zu beschaffen. Bei Nacht und Nebel wurden diese über den Bodensee geschmuggelt. Zum Aufstellen und In-Gang-Setzen suchte man einen Fachkundigen, der in der Person Johann Conrad Dietrichs aus Wetzikon gefunden wurde. Die Sächsische Maschinenfabrik Kappel in Kändler bei Limbach sollte anschließend die Wirkungsstätte Dietrichs werden. Einhergehend mit der Aufnahme der Stickmaschinenfabrikation nahm er erfolgreich Anteil an deren Ausbau und sicherte sich zugleich entscheidendes Vorwärts-Kommen in der Firma. Vom Meister zum technischen Direktor emporgearbeitet, lernte er hier seinen Namensvetter, den jungen Paul Hermann Dietrich, kennen. Als eine seltene und glückliche Fügung scheint es, dass »Lehrer« Johann Conrad Dietrich und sein »Praktikant« Paul Hermann Dietrich so gut harmonierten, dass sie Pläne für eine eigene Firma schmiedeten. Plauen war dafür genau die richtige Gegend. Noch war der Bedarf an Stickmaschinen bei den weitgehend noch per Hand stickenden Vogtländern ungebrochen.

Die erfolgreiche Betriebsaufnahme verlangte bereits im Laufe des ersten Geschäftsjahres den Umzug aus den gemieteten Räumen in eine eigene Fabrik. Die Mitarbeiterzahl stieg schwunghaft auf 250 Belegschaftsmitglieder. Einen weiteren Meilenstein in der Gründungsphase des noch jungen Unternehmens markierte die schnelle Einführung der Schiffchen-Stickmaschine. Schon 1883 widmete sich die außerdem noch Holzbearbeitungsmaschinen herstellende Fabrik dieser revolutionären Technik, bei der der Handantrieb durch mechanischen Antrieb ersetzt wurde. In der Folge wuchs die Stickmaschinenfabrik in enormem Tempo, sodass 1895 die Umwandlung in eine Aktiengesellschaft erfolgte, um dem Unternehmen weiteres Kapital zuzuführen. Die »Vogtländische Maschinenfabrik (vorm. J.C. und H. Dietrich) A.-G.« war geboren.

Mit Ingenieur Robert Zahn, dem Erfinder der wirklichen Schiffchen-Stickmaschine (im Gegensatz zu den Schweizer Greifermaschinen), der zum Direktor der Vogtländischen Maschinenfabrik ernannte wurde, holte das Unternehmen 1896 einen der maßgeblichen Männer dieser Branche nach Plauen. Das gute Gespür, mit dem bestes Fachpersonal nach Plauen gelockt wurde, sicherte für Jahrzehnte den Erfolg des Unternehmens, so auch im Falle Robert Zahns. In den Jahren bis zum Ersten Weltkrieg sorgte er für die Vervollkommnung der Plauener Stickmaschinen und setzte das Unternehmen an die Spitze des Weltmarktes mit dem von ihm entwickelten ersten Stickautomaten. Die Stickmaschinen »System Zahn« konnten alle Operationen automatisch ausführen. Zum Bestücken und Warten von drei bis vier der riesigen Maschinen war nur noch eine Arbeitskraft notwendig. Dieser technische Vorsprung begründete neben der ausgezeichneten Qualität der Plauener Spitze deren Weltruf und bescherte den Plauener Spitzen-Fabrikanten einen schnellen Reich-

Ein Blick in die Geschichte

tum. Mit dem Umzug auf ein ausgedehntes Werksgelände am Plauener Elsterufer sowie einer Belegschaft von 5000 Mitarbeitern galt die Vogtländische Maschinenfabrik – kurz VOMAG genannt – zu ihrer Zeit als die weltgrößte Stickmaschinenfabrik. Exporte gingen in fast alle Länder der Erde. In den Blütejahren um 1910 verließen monatlich allein etwa 150 Maschinen das Werk.

Der glänzende Stand in der Stickmaschinenproduktion erlaubte es der VOMAG schon frühzeitig, sich ein weiteres Standbein zu schaffen. Die Krise der eigenen Branche fürchtend, suchte man einen anderen Geschäftszweig, wenngleich der Maschinenbau aufgrund der eigenen Erfahrung und Möglichkeiten Grundlage bleiben sollte. Die Direktion der VOMAG entschied sich für den Bau von Rotationsmaschinen, welche die bahnbrechendste Erfindung auf dem Gebiet des Druckereiwesens jener Zeit darstellten. Mit ihrem ersten Produkt, der Zeitungsrotationsmaschine »Miniatur«, erlangte sie 1896 infolge deren platzsparender Bauweise sogleich einen Volltreffer. Innerhalb der folgenden zwei Jahrzehnte errang sie, analog zu ihrem Erfolg im Textilmaschinenbau, eine marktführende Position. Führend im Bereich großer Spezialmaschinen für den Buchdruck und die Kalenderblockherstellung, galt die VOMAG ab 1910 auch als Europas größte Fabrik für Rotationsdruckmaschinen.

Der für hervorragende Präzisionsarbeit bekannte Betrieb mit eigener Gießerei erhielt mit Beginn des Ersten Weltkrieges die Aufforderung zur Herstellung von Lastkraftwagen für die Heeresleitung. Mit dieser Anregung, die nicht nur bei der VOMAG den Ausschlag für eine später erfolgreiche Nutzfahrzeugfertigung gab, hoffte das deutsche Heer, seinen immensen Bedarf an Transportfahrzeugen decken und mit den Gegnern gleichziehen zu können. Der Konstruktion zugrunde lagen die Vorgaben der Heeresverwaltung für den so genannten »Regeldreitonner«. Für die Umsetzung bediente sich die VOMAG abermals eines Fachmannes: Sie holte den Oberingenieur Peter Teigland von der Berliner NAG (Neue Automobil A.-G.) nach Plauen. 1915 lief die Fertigung des Heereswagens bei der VOMAG an, wofür eigens neue Gebäude einschließlich eines vierstöckigen Hochbaus errichtet wurden. Kuriosum bis in die zwanziger Jahre hinein blieb, dass die Fahrgestellmontage im vierten Stockwerk stattfand und die fertigen Chassis dann mit einem überdimensionalen Fahrstuhl in den Hof herabgelassen werden mussten. 1918 konnte bereits die Ablieferung des 1000. Regeldreitonners an die Bayrische Heeresverwaltung vermeldet werden.

Mit wechselnder Mode sank in den zwanziger Jahren nicht nur die Nachfrage nach der Plauener Spitze. Die Sättigung vieler mit den langlebigen Stickmaschinen der VOMAG ausgerüsteter Betriebe ließ den weltweiten Absatz kontinuierlich zurückgehen. Allein die Ersatzteilversorgung für die vielen gelieferten Maschinen verhinderte eine völlige Einstellung dieses Produktionszweiges. Um weiterhin am Textilmaschinenmarkt führend zu bleiben, verlagerte die VOMAG ihr Engagement auf den Bau von Webstühlen und erzielte hier bis zu Beginn des Zweiten Weltkriegs ebenfalls große Erfolge mit Vollautomaten nach dem System Northrop.

Aufgrund ihrer eigenen Erfahrungen im Fahrzeugbau sah die VOMAG Anfang der dreißiger Jahre eine Marktlücke in der Herstellung von Feinstbohrwerken. Serienmäßige Fertigung, gleiche Güte und Rationalisierung der Fertigungsschritte waren vor allem im Motorenbau gefragt. Unterbrochen von einem durch die Weltwirtschaftskrise hervorgerufenen Konkurs konnte dieser neue Produktionszweig erst 1933 voll belebt werden. Das Unternehmen war zwischenzeitlich in der »VOMAG-Betriebs-A.-G.« aufgefangen worden, und die Plauener entwickelten jetzt eine ganze Palette an Lösungen für die Motorenbearbeitung. Erstmals war beispielsweise das gleichzeitige Bearbeiten mehrerer Bohrungen möglich. Trommelvorrichtungen halfen dabei, neue und fertige Werkstücke während der Bearbeitung zu wechseln. Mit Horizontal- sowie später auch Vertikalbohrwerken erreichte die VOMAG abermals in einer Branche marktbeherrschende Stellung. Fast alle namhaften Motorenproduzenten der dreißiger Jahre orderten bis in den Krieg hinein Bohrwerke aus Plauen. Zu den besten Kunden zählten Argus, Daimler-Benz, Junkers und das Volkswagen-Werk, seinerzeit noch unter dem Namen »KdF« (»Kraft durch Freude«) geführt. Mit dem Ende des Zweiten Weltkriegs stand auch die erste Taktstraße aus-

Ein Blick in die Geschichte

Hauptwerk der Vogtländischen Maschinenfabrik, am Plauener Elsterufer gelegen, um 1920. Im Hintergrund ist das während des Ersten Weltkriegs neu erbaute vierstöckige Gebäude für den Automobilbau zu erkennen.

lieferungsbereit in den Plauener Hallen. Die Sowjets nahmen sie als Reparationsgut mit.

1936 begann bei der VOMAG die Montage von Wehrmachtsfahrzeugen. Der von Henschel und MAN geschaffene »Einheitsdiesel« wurde fortan in geringen Stückzahlen gefertigt. Daneben waren einige FAMO-Halbkettenfahrzeuge entstanden. Zu lange blieben die Vogtländer ihrem unrentablen Serienbau treu, während andere Hersteller längst die Fließbandproduktion auch im Nutzfahrzeugsektor eingeführt hatten. Obgleich die VOMAG in der Zulassungsstatistik unter ferner liefen hinter die anderen großen deutschen Lastwagen- und Omnibusmarken zurückfiel, blieb sie ein fester Faktor im Bereich der schweren Klasse ab sechs Tonnen Nutzlast. Der teure Serienbau schlug sich zwar im Endpreis nieder, erlaubte aber auch flexibles Eingehen auf Kundenwünsche bei der Herstellung von Sondertypen. Nicht zuletzt waren die Fahrzeuge der Marke VOMAG für ihre Qualität, Zuverlässigkeit, Langlebigkeit und Leistungsfähigkeit bekannt. Stolz erinnerten sich noch Jahrzehnte später ehemalige Mitarbeiter: »Wer einmal bei VOMAG Kunde war, der kam wieder!«

Ein Blick in die Geschichte

Ein Direktionswechsel in der »VOMAG-Maschinenfabrik A.-G.« – wie man ab 1938 firmierte – sollte 1942 das Problem Fließbandfertigung lösen. Mit Betriebsführer Dr. Hanns Grewenig, vorher in Europas modernstem Lastwagenwerk bei Opel in Brandenburg tätig, holte man sich erneut einen Fachmann ins Vogtland. Ein gigantischer Hallenneubau mit zweifacher Unterkellerung auf dem anderen Elsterufer wurde unter modernsten Gesichtspunkten in Angriff genommen und ab 1943 schrittweise fertig gestellt. Allerdings war es nicht der neue Sechseinhalbtonner, dessen Pläne VOMAG-Konstrukteure unterdessen fertig gezeichnet hatten, sondern der Jagdpanzer IV, der nunmehr in die Fertigung kam. Mit der Panzerfertigung, auch wenn diese – verglichen mit anderen Herstellern – sich nur über einen verhältnismäßig kurzen Zeitraum erstreckte und zu eher bescheidenen Stückzahlen führte, wurde Plauen mehr und mehr Ziel alliierter Bombenangriffe. Anders als in der fast völlig zerstörten Plauener Innenstadt hinterließen die schweren Luftangriffe vom März 1945 an den Betriebsanlagen der VOMAG zwar schwere, aber doch immerhin noch reparable Schäden.

Als einziger großer deutscher Automobilproduzent wurde die VOMAG durch die sowjetische Besetzung und die anschließende sozialistische Diktatur vollständig vernichtet. Obwohl für 1946 die Wiederaufnahme der Fahrzeugfertigung angekündigt worden war, erließen die sowjetischen Besatzer den Befehl zur vollständigen Demontage inklusive der Sprengung aller noch stehenden Werksanlagen der VOMAG sowie ihres Tochterunternehmens VOMETALL, welches als feinmechanisches Werk in den dreißiger Jahren aufgebaut worden war und im Krieg vor allem Flugzeugkomponenten hergestellt hatte. Durch die Zerschlagung des Werkes wurde der immense Schatz an Erfahrung mit dem Personal in alle Winde verstreut. Obwohl noch heute Dutzende von VOMAG-Stickmaschinen, teilweise bis zu neunzig Jahre alt, nicht nur in Deutschland täglich ihre Arbeit verrichten, kam es zu keiner Belebung der Textilmaschinenbranche mehr. Kräfte des Druckmaschinenbaus wurden in einer Neugründung namens PLAMAG gebündelt, die – inzwischen als MAN-PLAMAG – auch heute noch an einem neuen Plauener Standort erfolgreich in diesem Sektor agiert. Ähnliches widerfuhr dem Bereich Feinstbohrwerke. Mit der Werkzeugmaschinenfabrik »Vogtland«, kurz WEMA genannt, wurde bis in die Gegenwart der Sondermaschinenbau in Plauen belebt. Darüber hinaus gingen nach dem Krieg maßgebliche Kräfte der Abteilung Feinstbohrwerke in die Westzonen und brachten ihr Wissen beispielsweise in der Maschinenfabrik Wasseralfingen oder in der neu gegründeten Ludwigsburger Maschinenfabrik (LUMAG) ein.

Völlig zerschlagen wurde mit Kriegsende die Automobilabteilung. Einzelne Fachkräfte und Teile der Ersatzteilbestände fasste die Stadt Plauen in einem Kraftfahrzeug-Instandsetzungsbetrieb mit weiteren enteigneten Automobilvertretungen zusammen. Dort konnte man bis in die sechziger Jahre den Bedarf an Ersatzteilen für existierende VOMAG-Wagen decken. Danach übernahm die Plauener Werkstatt Paul Dietsch die Reparatur von VOMAG-Fahrzeugen bis zur Wende. Zu diesem Zeitpunkt waren im Vogtland noch immer drei VOMAG-Fünftonner täglich auf Achse. Der ehemalige Chefkonstrukteur Keilhack arbeitete nach Kriegsende zunächst freiberuflich an den Lastwagen- und Omnibus-Konstruktionen des Fahrzeugwerkes LOWA Werdau und bei Horch in Zwickau mit. Maßgebliches VOMAG-Gedankengut floss in die Konstruktion der Einheits-Dieselmotorenbaureihe der DDR sowie des ersten schweren Nachkriegslastwagens der DDR, des H 6, ein. 1949 floh Ingenieur Keilhack mit zwei weiteren ehemaligen Kollegen zu den Südwerken nach Kulmbach, wo abermals Gedankengut aus VOMAG-Tagen in die Arbeit eines fremden Unternehmens einfloss, diesmal beim legendären Krupp Titan. Im Motorenwerk Johannisthal wurde nach dem Krieg noch einmal eine kleine Serie von VOMAG-Motoren aufgelegt, um den Bedarf der BVG nach starken Triebwerken für ihre Omnibusse vorübergehend zu decken. In die einzig aus dem VOMAG-Erbe verbliebene Halle des Werkteiles Leuchtsmühle investierte nach der politischen Wende die Stuttgarter Firma Neoplan. Dort wurden nun nicht mehr ungarische Ikarus-Busse von Grund auf instand gesetzt, sondern es rollen seither wieder komplette Neufahrzeuge der Marke Neoplan aus Plauen.

Erste Lastwagen-Generation

Der von Chefkonstrukteur Peter Teigland entworfene VOMAG-Lastwagen besaß bereits den modernen Antrieb über Kardanwelle. Heeresvorgaben für den Regeldreitonner sahen indes den überholten, aber als zuverlässiger eingeschätzten Kettenantrieb der Hinterachse vor. So blieb der VOMAG erst nach Kriegsende die Möglichkeit, den nunmehr als P 30 typisierten Dreitonner auf Kardanantrieb umzustellen. Nach unten ergänzte man das Programm um einen Zweitonner P 20. Da anfangs der Dreitonner wahlweise auch noch mit Kettenantrieb angeboten wurde, fiel es nicht schwer, die Nutzlast auch nach oben hin abzurunden: Als kettengetriebenes Flaggschiff des ersten VOMAG-Programms stand ab 1919 der Fünftonner P 45 bereit. Seit den Anfängen der VOMAG schwor man auf gute Werkmannsarbeit – ein Grundsatz, dem man über drei Jahrzehnten auch im Autobau treu bleiben sollte.

Gemessen an den etwa 10 000 im Zeitraum 1915 bis 1945 gebauten VOMAG-Automobilen war es erstaunlich, dass schon 1918 die Fertigstellung des 1000. Lastwagens vermeldet werden konnte. Tatsächlich sollte die Produktivität des Werkes nie wieder so groß werden wie in den Jahren des Ersten Weltkriegs. In zivilen Zeiten nahm die Anzahl der verschiedenen Typen zu, während die Produktionszahlen der Fahrzeuge deutlich sanken. Konnte von 1915 bis 1918 ein Typ in Serie gebaut und an die Heeresleitungen abgeliefert werden, war die Nachkriegsfertigung durch Einzelaufträge bestimmt, die infolge der individuellen Ausführung nach einzelnen Bestellungen in die Produktion genommen wurden.

Der plötzliche Wegfall des militärischen Großabnehmers mit Ende des Ersten Weltkriegs wirkte sich natürlich dramatisch auf den Absatz aus. Die VOMAG reagierte mit zahlreichen aufwändig gestalteten Prospekten wie auch speziell auf einzelne Branchen zugeschnittenen Werbeblättern. Man buhlte um die Gunst der Kundschaft vor allem im Baugewerbe, bei Brauereien, Speditionen, Industrie, Forst- und Landwirtschaft. Ebenso wurden die Zwei- und Dreitonner-Kardan-Fahrgestelle für Omnibusaufbauten offeriert. Die Staatliche Kraftwagenverwaltung des Freistaates Sachsen (SKV) zählte

Der erste VOMAG-Lastkraftwagen, der so genannte »Regeldreitonner« von 1915, mit seinem Schöpfer Peter Teigland am Steuer sowie den Direktoren der VOMAG, links Carl Bauer und rechts Louis Köhler.

hier – neben der Deutschen Reichspost – zu den frühen und besten Kunden.

Rege Beziehungen zu den zahlreichen Aufbauherstellern jener Jahre halfen der VOMAG, ihren Verkauf anzukurbeln. Neben Fahrerhäusern und Pritschen, einfachen Kastenaufbauten wie auch kleinen Anhängern, die im eigenen Werk entstanden, wurden andere Aufbauten gewöhnlich bei einschlägigen Herstellern entweder vom Kunden selbst gewählt oder durch die VOMAG vermittelt beziehungsweise beauftragt. Geschlossene Kofferaufbauten beispielsweise kamen von Schaumberger & Hempel aus Chemnitz, Möbel- und Langholzwagen von der Zwickauer Fahrzeugfabrik vorm. Schumann A.-G., Fäkalien- und Sprengwagen von Keller & Knappich (KUKA) aus Augsburg und Omnibusse von der Coburger Hofwagenfabrik Trutz, der Sächsischen Waggonfabrik Werdau sowie abermals Schumann aus Zwickau. Spektakulär waren Sonderaufbauten, die erst viel später zum allgemeinen Standard wurden. So waren schon zu Beginn der zwanziger Jahre mechanische sowie Hydraulikkipper von F.X. Meiller

Erste Lastwagen-Generation

Mit zahlreichen Werbeblättern und Zeitungsbeilagen wie dieser wandte sich die VOMAG unmittelbar nach Ende des Ersten Weltkriegs an die Privatwirtschaft und versuchte, neue Absatzwege zu gehen.

(München), Armin Tenner (Berlin) und EVA-WOOD (Wismar) erhältlich. Einen riesigen Sprengwagen mit 10 000 Liter Inhalt als Sattelschlepper konstruierte zum Beispiel der bekannte Konstrukteur und Fachautor Louis Betz 1925 zusammen mit Keller & Knappich. Gleichzeitig lieferte die Görlitzer WUMAG so genannte »Großflächenwagen« in der Bauart »Oekonom« als Vorläufer unserer heute weit verbreiteten Sattelzüge.

Dennoch machten billige Massenimporte amerikanischer Fabrikate der deutschen Automobilindustrie ab Beginn der zwanziger Jahre zu schaffen. Eine aufgrund der mit Kriegs-

Erste Lastwagen-Generation

ende freigewordenen Heeresbestände geringe Nachfrage nach Nutzfahrzeugen, die inflationäre Wirtschaft und die Vielzahl konkurrierender Marken lähmten die Branche. Die VOMAG sah sich deshalb bereits 1919 veranlasst, zusammen mit Dux aus Wahren, Presto aus Chemnitz und Magirus aus Ulm Deutschlands ersten Automobilkonzern zu gründen. Von der Zentrale am Leipziger Tröndlinring aus wurden die Produkte der vier Marken vertrieben. Außerdem versuchte man, von hier aus steuernd auf die Fertigungsprogramme Einfluss zu nehmen. Vor allem bei den beiden Lastwagenproduzenten Magirus und VOMAG kam es aber zu keiner Einigung bezüglich parallel bedienter Tonnagebereiche, was zu ständigen Reibereien führte. So blieb auf Jahre hinaus eine Verschmelzung der vier Fabrikate Wunschgedanke. Die weitsichtige Idee musste 1926 wieder aufgegeben werden. Der »Deutsche Automobil-Konzern« (DAK) wurde aufgelöst – eine viel versprechende Chance war vertan.

Große Erfolge waren der VOMAG in den russischen Zuverlässigkeitsfahrten 1923 und 1925 vergönnt. Nach zweimaligem Sieg konnte der Erste Russische Staatswanderpreis endgültig mit nach Plauen genommen werden. In verschiedenen Sonderprospekten wies die VOMAG stolz auf ihre Siege hin: »*Auch gegen die besten amerikanischen Marken haben wir, ebenso wie gegen die übrigen Marken der Welt, zweimal in den russischen Riesenkonkurrenzen 1923/25 gesiegt.*« In der Überschrift textete man selbstbewusst: »*Obwohl unerreicht in Güte, Wirtschaftlichkeit und Leistung, war VOMAG 40 % billiger als die Amerikaner*« und belegte dies durch Vergleiche mit mehreren Preisen amerikanischer Fabrikate. Diese ungewöhnlich offen gegen andere Marken geführte Kampagne verdeutlicht, wie groß damals die Furcht vor der übermächtigen ausländischen Konkurrenz gewesen sein muss.

Zum Vorreiter wurde die VOMAG in den zwanziger Jahren vor allem beim Omnibusbau. Mit den Grundtypen O I und O II boten die Plauener zwar konventionelle, aber dafür solide und sehr erfolgreiche Fahrgestelle an. Viele Karossiers durften sich darauf verwirklichen. Zur Unterscheidung der fast unüberschaubaren Aufbauvielfalt fügte die VOMAG der Typen-

VOMAG P 30: Ein Dreitonner mit Kettenantrieb und mechanischem Kipper aus der Zeit unmittelbar nach dem Ende des Ersten Weltkriegs.

bezeichnung jeweils den Namen der Stadt beziehungsweise des Kunden bei, an den/die das erste Exemplar geliefert wurde. Dabei spielte vor allem die Sitzanordnung eine wichtige Rolle, weniger die äußere Gestaltung. Für Verwirrung sorgte außerdem, dass die Sächsische Waggonfabrik Werdau als Aufbauhersteller sowie die KVG Sachsen als größter Abnehmer der VOMAG-Omnibusse ebenfalls ihren verschiedenen Karosserien Städtenamen gaben. So konnte ein und derselbe Wagen mitunter verschiedene Bezeichnungen tragen. Der 28-sitzige Typ »Altenburg« wurde ab 1925 zum Verkaufsschlager und ging vorwiegend zur KVG Sachsen (Kraftverkehrsgesellschaft Freistaat Sachsen A.-G.). Daneben gab es weitere Ausführungen wie »Sachsen«, »Zwickau«, »Freiberg«, »Delmenhorst«, »Berlin« oder »Buenos Aires«. Letztere beiden waren so genannte »Decksitzwagen«, wie man seinerzeit noch die Doppelstockbusse mit hinterem Stehperron und außen liegendem Aufstieg bezeichnete. Auch waren die Oberdecks noch nicht überdacht.

Als Pionierleistung galt der 1924 mit dem Omnibus »Riesa« eingeführte Niederrahmen. Noch lange vor der Konkurrenz

Erste Lastwagen-Generation

bildete die VOMAG damit das eigenständige Omnibuschassis heraus. Neben den Doppeldeckern »Berlin« und »Buenos Aires« verfügten beispielsweise die Modelle »Hof« und die von Trutz aufgebauten Stadtbusse »Leipzig« über den niedrigen Einstieg. Als Besonderheit bot man sowohl bei den konventionellen wie auch bei den Niederrahmen-Fahrgestellen Führerstände seitlich neben der Motorhaube an und war dem später sich herauskristallisierenden Frontlenker um ein Jahrzehnt voraus. Ihre Experimentierfreudigkeit stellten die VOMAG-Konstrukteure darüber hinaus auch bei einem Versuchsmodell mit Tiefrahmen unter Beweis. Der dem amerikanischen Fageol-Typ nachempfundene Wagen mit extremer Kröpfung hinter der Vorderachse besaß in jeder Sitzreihe eine Tür und mutete beinahe wie ein Personenwagen an.

Alte Fabrik an der Trockenthalstraße

Die ungünstige Lage der Fabrik inmitten eines Wohnviertels behinderte die weitere Entwicklung, besonders nachdem man sich zur Aufnahme eines zweiten Fabrikationszweiges, nämlich zum Bau von **Rotationsdruckmaschinen**, entschlossen hatte. Auf einem am Elsterflusse gelegenen Gelände entstand eine Maschinenhalle, weitere Neubauten schlossen sich an. Die Elster wurde inzwischen in ihrer gesamten Länge reguliert. Das neue, vielfach größere Gelände wurde nach und nach mit einem weitläufigen Werkstättenkomplex ausgestattet (vergl. Titelblatt). Die alte Fabrik wurde später verkauft.

Aufwendig, umfangreich, informativ und sehr schön gestaltet waren Werbekataloge der VOMAG in der Zeit von 1918 bis 1922. Hier wurden dem potentiellen Kunden nicht nur Technik, Typen und Ausführungen der VOMAG-Lastwagen und -Omnibusse erklärt, hier gab es auch Einblicke in die Firmengeschichte und die Fabrikation.

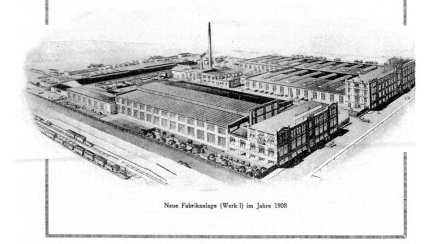

Neue Fabrikanlage (Werk I) im Jahre 1908

Erste Lastwagen-Generation

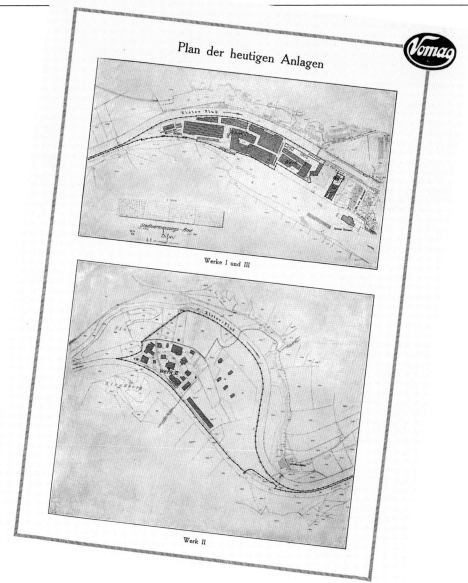

Plan der heutigen Anlagen

Werke I und III

Werk II

Erste Lastwagen-Generation

Auto- und Motorenbau

Der Gedanke, den Betrieb durch Aufnahme neuer Fabrikationen auf eine möglichst breite Basis zu stellen, führte im Jahre 1915 zum Bau von **Nutzkraftwagen für alle Verwendungsarten**. Infolge richtiger Durchführung dieses Produktionsplanes ging man später zum Bau von **Spezial-Motoren** für industrielle Zwecke über, die als ortsfeste und bewegliche Anlagen für **Benzin und Schweröl** günstige Verkaufsmöglichkeiten bieten. Waren doch die Vorbedingungen für die Aufnahme des Lastwagen- bzw. Motorenbaues nirgends günstiger als bei der Vomag, deren Organisation von Anfang an auf die Erzeugung von Maschinen feinster Präzision eingestellt war. Hierauf ist es zurückzuführen, daß dieser dritte Fabrikationszweig in kürzester Zeit eine bisher unbekannte Ausdehnung finden konnte. Ein mustergültiger Neubau, der bereits ein Jahr nach seiner Errichtung eine ausgedehnte Erweiterung erfahren mußte, nahm einen Park neuester Werkzeug- und Spezialmaschinen, Hobel- und Stoßmaschinen, Abstechbänke, Bohrwerke, Automaten und Drehbänke auf und beherbergt heute alle diejenigen Hilfsmittel, die für die zielbewußte Serienfabrikation erforderlich sind.

Für die konstruktive Durchbildung des Vomag-Wagens werden die Erfahrungen nutzbar angewendet, die die hochentwickelte Technik der Automobilfabrikation im Laufe von Jahrzehnten zusammengetragen hat und deren fortschrittliche Ausgestaltung sich ein Stab von Spezial-Ingenieuren angelegen sein läßt.

Prüffeld und praktische Erprobung auf der Landstraße unter Zugrundelegung der schwierigsten Betriebsverhältnisse bilden den Nährboden für die Weiterentwicklung des Vomag-Wagens; Theorie und Praxis zu einem einheitlichen Ganzen innig verschmolzen, bürgen für höchstmögliche Leistungsfähigkeit, und hierin liegt das Geheimnis von dem Erfolg, der dem Vomag-Nutzkraftwagen seit seinem ersten Erscheinen beschieden gewesen ist.

In zweckmäßiger Beschränkung entschloß man sich zum Bau weniger, aber gangbarer Typen von Fahrzeugen für Nutzlasten von 3000 bzw. 4000 und 5000 kg. Der Vomag-Lastzug, bestehend aus einem Maschinenwagen und einem Anhänger, befördert Lasten bis zu 10 t. Eine Unterteilung der

Kurbelwellen- und Getriebegehäusebau

Cardanwagen

Kettenwagen

vorstehenden, nach ihrer Tragfähigkeit geordneten Typen erfolgt hinsichtlich der Art des Antriebes der Hinterräder, und zwar ist für schnellaufende, schwere Wagen der Cardanantrieb, für langsamlaufende, schwere Wagen der Kettenantrieb gewählt worden. Hiermit ist allen Verwendungsmöglichkeiten und den jeweiligen Anforderungen Rechnung getragen worden, die an das Verfrachtungswesen durch Motorfahrzeuge gestellt werden.

Die Vomag-Wagen haben als Kraftquelle einen Vierzylinder-**Viertaktmotor** mit paarweise zusammengegossenen Zylindern von 35/40 bzw. 40/45 P.S. effektiver Leistung. Ein sorgfältig einregulierter Vergaser neuester Bauart, sowie gute Ölabdichtung gewährleisten sparsamsten Verbrauch von Betriebsstoffen und dadurch eine wirtschaftliche Arbeitsweise im praktischen Betrieb. Die Zündung ist eine magnet-elektrische Kerzenzündung mit selbsttätiger Zündmomentverstellung. Eine elektrische Anwerfvorrichtung enthebt den Fahrer der mühsamen Inbetriebsetzung des Motors von Hand, eine Lichtmaschine, ebenfalls vom Motor angetrieben, sorgt für eine einwandfreie Beleuchtung. Die Übertragung der Antriebskraft auf Getriebe und Hinterachse erfolgt durch die altbewährte Konuskupplung mit nach innen gehendem Konus.

Das **Wechselgetriebe** hat vier Vorwärtsgänge und einen Rückwärtsgang.

Benzinmotor

Erste Lastwagen-Generation

Erste Lastwagen-Generation

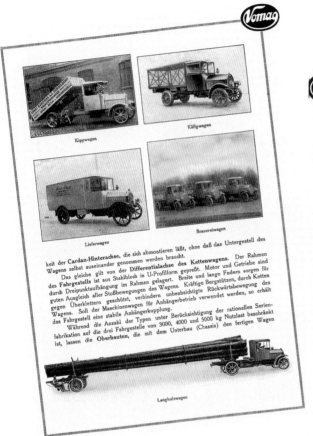

Speditionswagen

Sprengwagen

keit der Cardan-Hinterachse, die sich abmontieren läßt, ohne daß das Untergestell des Wagens selbst auseinander genommen werden braucht.

Das gleiche gilt von der **Differentialachse des Kettenwagens**. Der Rahmen des Fahrgestells ist aus Stahlblech in U-Profilform gepreßt. Motor und Getriebe sind durch Dreipunktaufhängung im Rahmen gelagert. Breite und lange Federn sorgen für guten Ausgleich aller Stoßbewegungen des Wagens. Kräftige Bergstützen, durch Ketten gegen Überklettern geschützt, verhindern unbeabsichtigte Rückwärtsbewegung des Wagens. Soll der Maschinenwagen für Anhängerbetrieb verwendet werden, so erhält das Fahrgestell eine stabile Anhängerkupplung.

Während die Anzahl der Typen unter Berücksichtigung der rationellen Serienfabrikation auf die drei Fahrgestelle von 3000, 4000 und 5000 kg Nutzlast beschränkt ist, lassen die Oberbauten, die mit dem Unterbau (Chassis) den fertigen Wagen

bilden, jeden Spielraum in ihrer Ausgestaltung zu. In engster Fühlungnahme mit allen auf motorische Beförderungsmittel angewiesenen Kreisen, liefert Vomag Nutzfahrzeuge für sämtliche Verfrachtungsarten. Da sind zunächst die einfachsten Pritschen mit herabklappbaren Wänden, der seitlich oder rückwärts kippbare Oberbau für die schnelle Entladung von Schüttgütern, den die Bau-Industrie, der Bergbau und das Hüttenwesen fordern, die wasser- und staubdichte Kasten-Karosserie für die Verfrachtung der Lebensmittelgeschäfte und der Textilbranche, der Käfigwagen für die Beförderung von frischem Obst, der Wagen mit Etagenaufbau für Milch- und Flaschenbier-Transporte, der Lastzug mit zweirädrigem Anhänger für das Abfahren von Langholz oder von Erzeugnissen der Eisenindustrie, Spezialaufbauten für sperriges Gut der Transport-Unternehmungen, Speditionsgeschäfte usw. Staatliche und städtische Behörden benötigen den Fäkalienwagen, den Kadaverwagen, Fahrzeuge für den Viehtransport, den Sprengwagen für die Straßenreinigung, Untergestelle für Feuerwehr-Automobile.

Ein Kapitel für sich bilden die Vomag-Omnibusse für Stadt- und Überlandverkehr, die unter Verwendung von leichten, schnellaufenden Chassis ebenfalls jeden Oberbau für die Beförderung von 16 bis 60 Personen zulassen. Aus der Fülle der Aufbaumöglichkeiten für die Zwecke der Massenbeförderung verdient die Konstruktion eines Omnibusses mit seitlich angeordnetem Führersitz Erwähnung, weil sie eine außerordentlich günstige Raum- und Sitzanordnung zuläßt. Als Lieferanten der Reichspost, sowie zahlreicher staatlicher und kommunaler Dienststellen erfreut Vomag besonders das Zeugnis, das der Landrat eines Kreises zusammen mit dem Bürgermeister und der Gemeinde gelegentlich der Eröffnung einer Omnibus-Linie im Saargebiet jüngst telegraphisch übermittelte: „Die gesamte Bevölkerung begrüßt unter großer Begeisterung die wunderschönen Vomag - Omnibusse als Meisterwerk der Automobil-Industrie".

Benzinmotor mit Lichtmaschine

Erste Lastwagen-Generation

Gern zeigte die VOMAG, dass es ihr durch gute Beziehungen zu den Aufbaufabriken möglich war, Nutzfahrzeuge für alle Zwecke anzubieten.

Erste Lastwagen-Generation

Mit einzelnen Prospekten ging die VOMAG individuell auf verschiedene Branchen ein und veröffentlichte umseitig gern die langen Referenzlisten zufriedener Kunden.

Erste Lastwagen-Generation

In der **Textil-Industrie** sind Vomag-Nutzkraftwagen in Benützung bei:

Auerbach i. Erzgeb.:	F. W. Wieland, Strumpffabrik,
Auerbach i. Vogtl.:	Müller & Co., Färberei, Bleicherei und Appreturanstalt,
Borna b. Leipzig:	C. A. Weidmüller, Dampffärberei,
Burkhardtsdorf:	Rudolf Drechsel, Strumpffabrik,
Chemnitz Sa.:	Hermann Dignowity, Akt.-Ges., Zwirnerei und Nähfadenfabrik,
	Gebr. Lohse, Baumwoll- und Zwirnerei und Nähfadenfabrik,
	Th. Schuffenhauer, Bandagen- und Rauchwaren-Färberei,
Cornelimünster:	W. Heymann, A.-G.
Elsterberg:	Spinnfaser-Aktien-Gesellschaft,
Eupen:	Kammgarnwerke Eupen,
Falkenstein:	C. H. Lange, Gardinenfabrik,
	Pohland & Co., Gardinenfabrik,
Gelenau Erzgeb.:	Friedr. Adolf Harzer, Strumpffabrik,
Gera:	Hermann Günther, Färberei, Bleicherei und Appreturanstalt,
	Georg Hirsch, Färberei,
Gornsdorf i. E.:	Paul Koeppe & Co., Mechanische Weberei,
Greiz:	*Max Drechsel, Strumpffabrik,
	C. G. Jahn, Färberei, Bleicherei und Appreturanstalten,
	Gebr. Oehler, Mechanische Weberei,
Haunstetten b. Augsburg:	*Gebr. Reißmann, Mechanische Kammgarnweberei,
Hof i. Bayern:	Gebr. Schleber, A.-G., Bleicherei und Appreturanstalt,
	*Martini & Co.,
	*Koch & Co., Mechanische Weberei und Zwirnerei,
	*Neue Baumwollspinnerei Hof,
	Fritz Nürnberger & Sohn, Mechanische Weberei,
	Poehlmann & Meyer, Mechanische Weberei und Zwirnerei.
Hüttengrund b. Ernstthal:	Chem. Bleicherei "Hüttengrund" Gebr. Meißner,
Kaufbeuren:	Weberei Zschweigert,
Langenbielau Schl.:	Mechanische Baumwollspinnerei A.-G.
Leipzig:	Deutsche Textilwerke Mautner, A.-G.
Lengenfeld:	Ernst Krebs, Leinen- und Baumwollwaren,
Marktleugast:	Baumwollspinnerei A.-G.
Meerane:	Theodor Petzold, Mechanische Zwirnerei,
Mehltheuer:	*C. Batky, Färberei und Appreturanstalt,
	Tüllfabrik Mehltheuer A.-G.
Mittweida:	Baumwollspinnerei Mittweida,
Mylau:	Gebr. Chevalier, Mechanische Weberei,
	Hugo Merkel, Weberei,
	Otto & Maeckel, Weberei,
Netzschkau:	Schneider & Claviez, Mechanische Weberei,
	Arthur Opitz, Mechanische Weberei,
	Richard Popp, Färberei und Appreturanstalt,
	Sonntag & Löscher, Mechanische Weberei,
Neukirchen Erzgeb.:	Moritz Zimmermann, Weberei,
Oelsnitz i. V.:	Oskar Türk, Strumpffabrik,
Plauen:	Hermann Patz, Teppichfabrik,
	Ausrüstungs-Aktiengesellschaft,
	*F. W. Dischreit, Bleicherei und Appreturanstalt,
	Gebrüder Höppner, Färberei, Bleicherei und Appreturanstalt,
	C. C. Münzing, Färberei, Bleicherei und Appreturanstalt,
	Gebrüder Simon, Schürzenfabrik,
	Gebr. Uebel, Bleicherei und Appreturanstalt,
	C. A. Waldenfels, Baumwollzwirnereien,
	Gebr. Wolff, Bleicherei und Appreturanstalt,
	Albert Greiner, Wollwarenfabrik,
	F. W. Keßler jun., Tuchfabrik,
Reichenbach:	*Gebr. Schleber, A.-G., Färberei, Bleicherei und Appreturanstalt,
	A. Schmalz, Woll- und Garngroßhandlung,
	August Scnreiterer, Streichgarn-Spinnerei,
	Robert Schreiterer, Wollwäscherei,
	Schreiterer & Bieler, Mechanische Wollenweberei,
Schedewitz b. Zwickau:	Kammgarnspinnerei Schedewitz, Aktiengesellschaft,
Schleiz:	Oschitzer Industriewerke G. m. b. H., Oschitz b. Schleiz,
Schreiersgrün:	Auerbacher Gardinenweberei Landmann & Hellwig, Abt. Bleicherei,
Tannenbergsthal:	Ed. Keßel A.-G., Wachstuchfabriken,
Teichwolframsdorf:	C. F. Windisch, Spinnerei,
Thoßfell:	Zwirnerei Thoßfell (C. H. Lange, Falkenstein),
Thum i. Erzgeb.:	Theodor Hofmann, Trikotagenfabrik,
Waldenburg:	Heinr. Chr. Härtel, Trikotagenfabrik,
Werdau:	Eduard Dix, Vigognespinnerei,
	*C. B. Göldner, Vigognespinnerei,
	Schröder & Teichmann, Weberei,
Zwönitz:	Aug. Arnold, Wollwarenfabrik

und andere mehr.

Die mit * bezeichneten Firmen sind im Besitze **mehrerer Vomag-Lastkraftwagen.**

Moritz Wieprecht G.m.b.H., Plauen i.V.

Erste Lastwagen-Generation

VOMAG P 30 Kardanwagen als hydraulischer Seitenkipper nach dem System von Armin Tenner aus Berlin.

Erste Lastwagen-Generation

Auf einem Omnibuschassis gebauter Müllwagen für seitliches Einfüllen. Sehr gut ist die Rahmenkröpfung hinter der Vorderachse bei diesem Modell von 1925 zu erkennen.

Erste Lastwagen-Generation

1925 seiner Zeit um Jahrzehnte voraus: Von Louis Betz konstruierter Sprengwagen als Sattelschlepper von Keller & Knappich aus Augsburg.

Erste Lastwagen-Generation

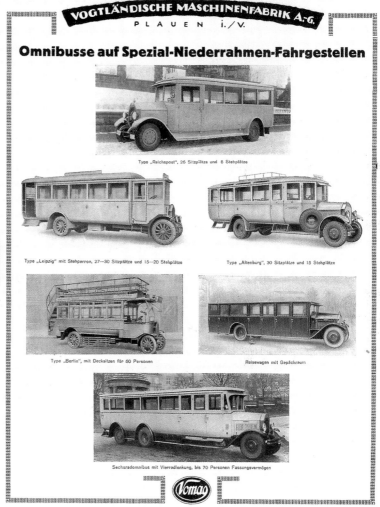

In diesem Prospekt von etwa 1926 warb die VOMAG mit ihrem sehr ausgedehnten Programm. Vorgestellt wurden neben den konventionellen Chassis auch die Niederrahmen für Omnibusse und zahlreiche Aufbaumöglichkeiten. Auf dem Titel fand der Betrachter zudem eine leicht übertriebene Werksansicht, die ganz im Trend jener Zeit lag. Die Rückseite wies auf die Erfolge bei den russischen Zuverlässigkeitsfahrten hin.

Erste Lastwagen-Generation

Erste Lastwagen-Generation

Dreitonner VOMAG aus der zweiten Hälfte der zwanziger Jahre. Neben dem Kardanantrieb verfügte er bereits über Scheibenräder und die 1925 eingeführte Luftbereifung.

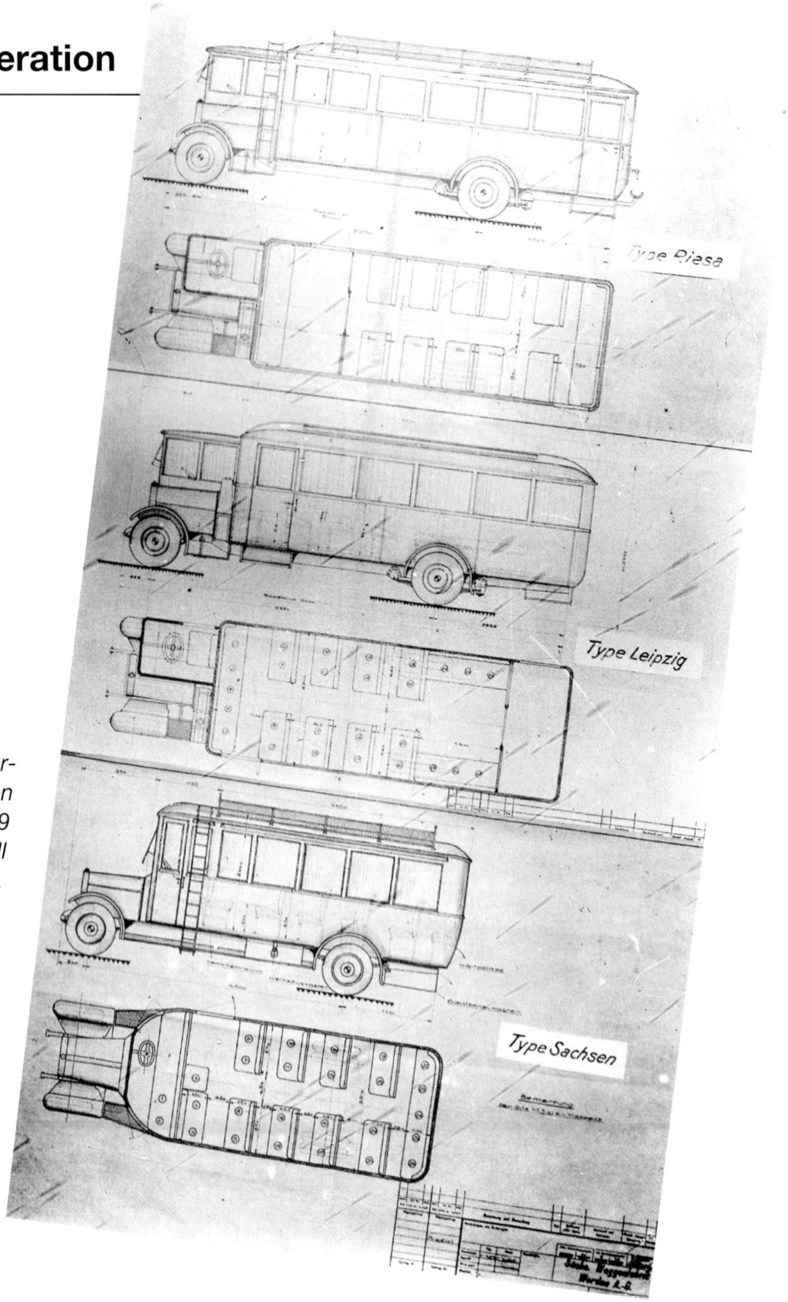

Erste Lastwagen-Generation

Zahlreiche Varianten, zur Unterscheidung mit Städtenamen bezeichnet, entstanden ab 1919 auf dem VOMAG-Fahrgestell der ersten Generation.

Type Riesa

Type Leipzig

Type Sachsen

Erste Lastwagen-Generation

Erfolgreichstes Omnibusmodell der Zeit von 1925 bis 1927 war der VOMAG O II »Altenburg«. Allein 80 Exemplare gingen zur KVG Sachsen.

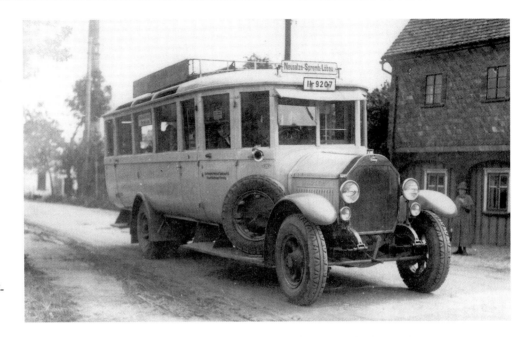

Aussichtswagen von Kühlstein (Berlin) auf dem Zweitonner-Fahrgestell von 1925 für die Reichspost.

Erste Lastwagen-Generation

VOMAG O I mit seitlich neben dem Motor angeordnetem Führerstand.

Omnibustyp »Leipzig« mit seitlichem Führerstand und Niederrahmen von 1925.

Erste Lastwagen-Generation

Von Fageol aus Ohio inspiriert, baute die VOMAG 1925 diesen Versuchswagen mit Tiefrahmen und Tür zu jeder Sitzreihe.

Straffung des Typenprogramms

Nach dem Tod des Chefkonstrukteurs Peter Teigland kam 1925 Erwin Aders als Technischer Direktor zur VOMAG. Durch seine beim Konkurrenten MAN gesammelten Erfahrungen stand dem Plauener Betrieb abermals eine fähige und, wie sich erweisen sollte, eine sehr aufgeschlossene Fachkraft zu Diensten. Aders sorgte für die neue Fahrzeug-Generation der VOMAG und führte erfolgreich eine Straffung des Typenprogramms durch. Dank seiner Weitsichtigkeit schaffte es die VOMAG, mit sehr erfolgreichen Lastwagen- und Omnibustypen ins Rennen zu gehen, die wie die vorangegangene Generation sehr lange in der Fertigung blieben und dabei ansehnliche Stückzahlen erreichten. Neben einer Modernisierung des bekannten Dreitonner-Kardanwagens widmete sich Aders zunächst dem 1925 erscheinenden Fünftonner-Standard-Typ 5 Cz. Die Modell-Bezeichnung steht für 5 Tonnen Nutzlast und Cardanwagen mit zurückgesetzter Vorderachse. Dieser Typ blieb bis 1933 in Produktion und bildete mit über 1000 gebauten Exemplaren das Rückgrat des Lastwagenprogramms. Wie seine Vorgänger erlangte der Typ 5 Cz große Beliebtheit durch die Vielzahl der angebotenen Verwendungsmöglichkeiten. Es gelang, an die guten Verbindungen zu den namhaftesten und innovativsten Aufbauherstellern anzuknüpfen. Kennzeichnend für den VOMAG jener Jahre war vor allem die kompakte, wenn auch nicht gerade moderne Erscheinung. Es war ein grundsolides und robustes Auto.

Ein geplantes Zweitonner-Modell dagegen kam nicht, ebenso, wie die Herstellung des Dreitonners gegen Ende der zwanziger Jahre auslief. Um dennoch ein umfassendes Programm anbieten zu können – was für die Händler sehr wichtig war –, übernahm die VOMAG ab etwa 1930 für einige Zeit die Gebietsvertretung von Hansa-Lloyd. Mit den Bremer Fabrikaten in der Zwei- und Dreitonner-Klasse rundete die VOMAG ihr Programm im hart umkämpften unteren Tonnagebereich ab, um sich mehr auf den Schwerlastwagenbau konzentrieren zu können. Unter Erwin Aders entstanden neue Otto-Motor-Baureihen, die als langlebig und kräftig, aber auch als sehr konventionell galten. Neu waren auch eigene Sechszylindermodelle. So deckte die

Der 5 Cz war von 1925 bis Anfang der dreißiger Jahre im Nutzlastsegment der gefragten Fünftonner der Erfolgstyp der VOMAG.

VOMAG mit eigenen Motoren ein Leistungsspektrum von 80 bis 100 PS ab.

Im Omnibusbau wurde der mit dem Niederrahmen-Fahrgestell eingeschlagene Weg, der sich als richtig erwiesen hatte, weiter verfolgt. Konstruktiv an den neuen Lastwagentyp angelehnt, kam 1926 die »OV«-Baureihe in drei Radständen (5300 mm, 5700 mm und 5900 mm) heraus. Der Typencode setzte sich aus »Omnibus« mit »VOMAG-Motor« und dem Radstand in Dezimetern zusammen. Besonderes Merkmal der VOMAG-Busse war ein liegend eingebautes Differential, was einen sehr tiefen Schwerpunkt der Karosserie ermöglichte. Die Stadtausführung erhielt hinten zusätzlich einen abgesenkten Perron. Weitere Besonderheiten waren Schnellgang-Getriebe und Druckluftbremsen. Der unkultivierte Lauf der VOMAG-Sechszylinder jedoch veranlasste die KVG Sachsen als größten Abnehmer dieses Typs, den Einbau von Maybach-Motoren des Baumusters OS 5 zu fordern. Mit seinem Sechszylinder gehörte Maybach seinerzeit zur Spitze der Motorenbauer, was mehrere Hersteller zu diesen Triebwerken greifen ließ. Der mit diesem Motor als Typ OM 57 von der

Straffung des Typenprogramms

VOMAG angebotene Omnibus entwickelte sich zum Kassenschlager. Anteil daran hatte auch die Sächsische Waggonfabrik Werdau, die mit ihrem ersten in Serie gefertigten Ganzstahlaufbau 1927 Furore machte. Neben kleineren Herstellern lieferten außerdem noch die Gottfried Lindner A.-G. in Halle und die WUMAG in Görlitz größere Zahlen von OM 57 und OV 57 an die KVG Sachsen und die Deutsche Reichspost.

Spektakulär erschien das 1929 unter Chefkonstrukteur Aders betriebene Projekt eines Frontantriebsbusses. Hinter dem Typenkürzel OMV verbarg sich eine Zusammenarbeit mit der Voran-Automobilbau AG in Berlin, in deren Rahmen man dortige Erfahrungen im Frontantrieb nutzte. Initiator war die Kraftverkehrsgesellschaft Freistaat Sachsen, die nach Präsentation auf der Automobilausstellung beide Versuchswagen in Betrieb nahm. Diese zeichneten sich dank Frontantrieb durch einen extrem niedrigen Wagenboden aus. Konzeptionell bestand weiterhin die Möglichkeit, den Triebkopf vom Fahrgastteil abzutrennen, um bei Reparaturarbeiten die Omnibuszelle weiter verwenden zu können. Das kühne Konzept scheiterte jedoch an der Praxis. Nicht zu bewältigende technische Probleme wie etwa die erforderlichen (zu) hohen Lenkkräfte verhinderten den Erfolg dieses Frontlenker-Entwurfs.

In sehr ansprechenden Prospekten brachte die VOMAG ab 1925 die Technik ihres neuen Fünftonners 5 Cz dem Kunden nahe.

Straffung des Typenprogramms

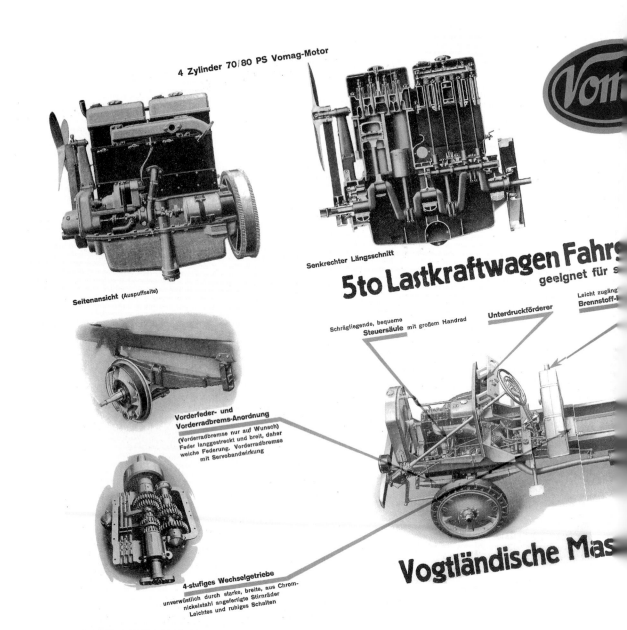

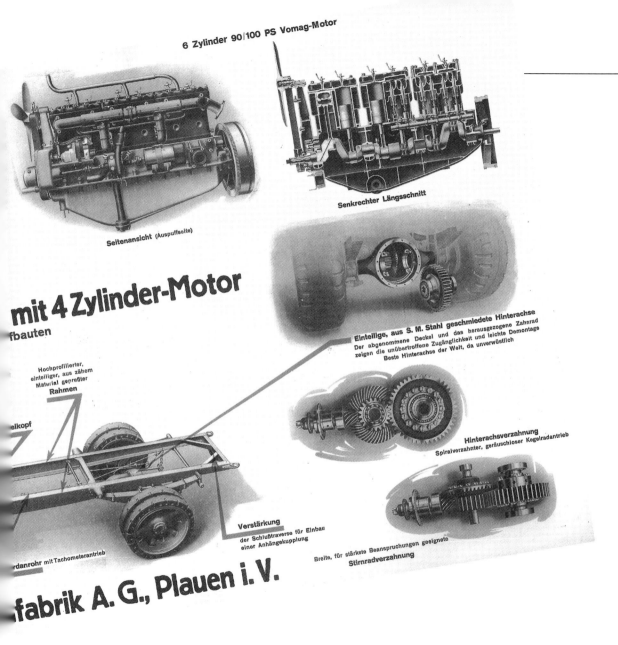

Straffung des Typenprogramms

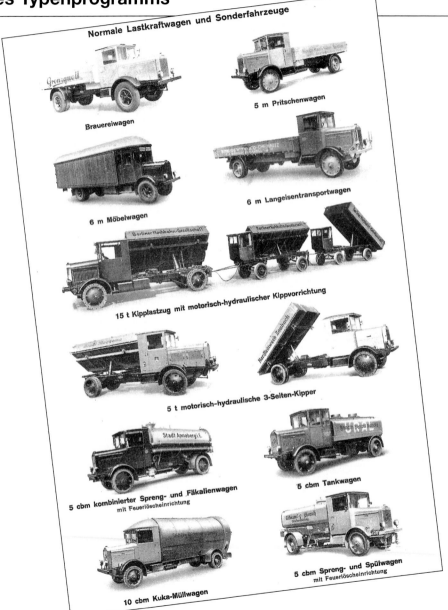

Straffung des Typenprogramms

Straffung des Typenprogramms

Straffung des Typenprogramms

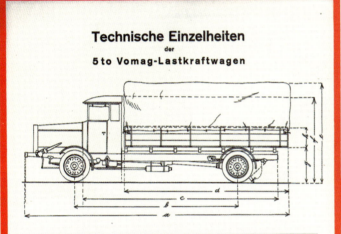

Technische Einzelheiten der 5 to Vomag-Lastkraftwagen

Maße und Gewichte	mit 4 Zylinder-Motor 70/80 PS			mit 6 Zylinder-Motor 90/100 PS		
	5 Cz 45	5 Cz 50	5 Cz 56	5 Cz 45/6 EH	5 Cz 50/6 EH	5 Cz 56/6 EH
Eigengewicht des Fahrgestelles ohne Aufbau .... ca. kg	4400	4450	4500	4650	4700	4750
Gesetzliche Rahmenbelastung des Fahrgestelles ..... norm. Wagen	6400	6350	6300	6150	6100	6050
(Aufbau + Nutzlast) Spez.-Wagen	7400	7350	7300	7150	7100	7050
Bohrung/Hub .... mm	130/160	130/160	130/160	115/160	115/160	115/160
Radstand (b) .... mm	4500	5000	5600	4500	5000	5600
Geschwindigkeit .... Elastik km/Std.	27	27	27	27	27	27
Luft km/Std.	35÷40	35÷40	35÷40	35÷40	35÷40	35÷40
Bereifungsprofil auf .... vorn mm	185	185	185	185	185	185
770er Felge Hochelastik .... hinten mm	200×2	200×2	200×2	200×2	200×2	200×2
Bereifungsprofil auf (hinten doppelt) 610er Felge Luft	42×9 oder 40×8″	42×9 oder 40×8″	42×9 oder 40×8″	42×9 oder 40×8″	42×9 oder 40×8″	42×9 oder 40×8″
Länge über alles (a) .... ca. m	7,25	7,75	8,75	7,7	8,2	9,2
Ladelänge (licht) (d) .... ca. m	4,5	5	6	4,5	5	6
Karossable Länge (c) .... ca. m	5,485	5,985	6,985	5,485	5,985	6,985
Ladebreite (licht) .... m	2,2	2,2	2,2	2,2	2,2	2,2
Größte Breite über alles........ m	2,35	2,35	2,35	2,35	2,35	2,35
Größte Höhe des unbeladenen Wagens mit Plane und Spriegel (e) ...ca. m	3,1	3,1	3,1	3,1	3,1	3,1
Maß vom Erdboden bis Führerhausoberkante, unbeladen (f)....ca. m	2,85	2,85	2,85	2,85	2,85	2,85
Ladehöhe, beladen (g) bei Elastik ca. m	1210	1210	1210	1210	1210	1210
bei Luft ca. m	1285	1285	1285	1285	1285	1285
Bordwandhöhe, normal (h) .... mm	600	600	600	600	600	600

Normale Lastkraftwagen und Sonderfahrzeuge: 5 m Pritschenwagen, 6 m Pritschenwagen, Brauereiwagen, 6 m Möbelwagen, 15 t Kipplastzug mit motorisch-hydraulischer Meiller-Kippvorrichtung, Motorisch-hydraulischer Dreiseitenkipper System „Wood", System „Tenner", 5 cbm Fäkalienwagen, 5 cbm Sprengwagen mit Feuerlöscheinrichtung, 10 cbm Kuka-Müllwagen, 5 cbm Tankwagen

Straffung des Typenprogramms

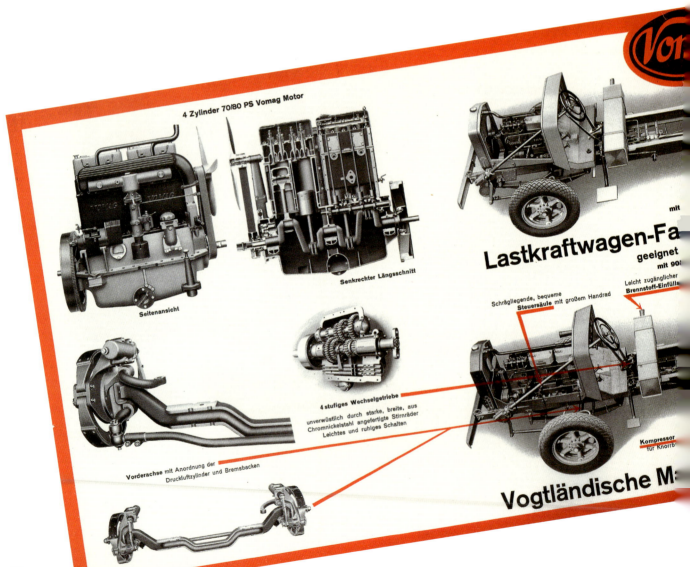

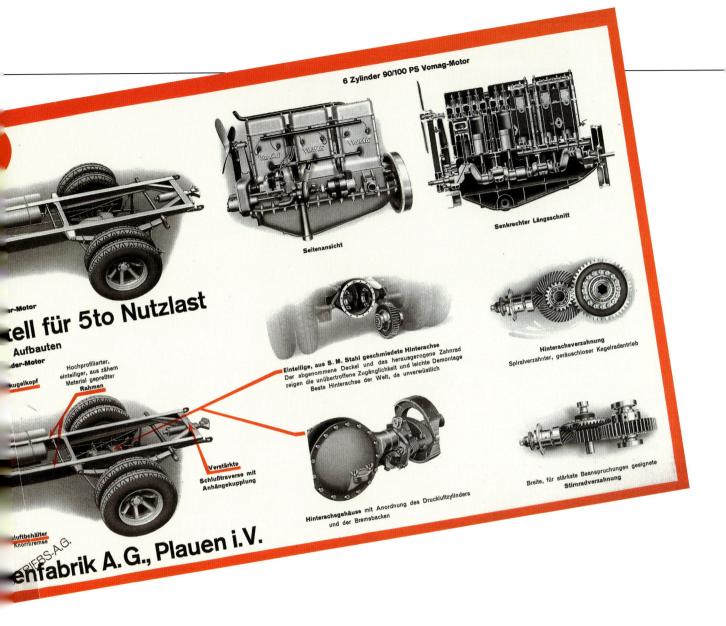

Straffung des Typenprogramms

Werbeprospekt für den VOMAG-Omnibus als Zwei- und Dreiachser. Die längere Motorhaube verrät, dass sich unter ihr der VOMAG-eigene Sechszylinder-Ottomotor mit 110 PS verbarg.

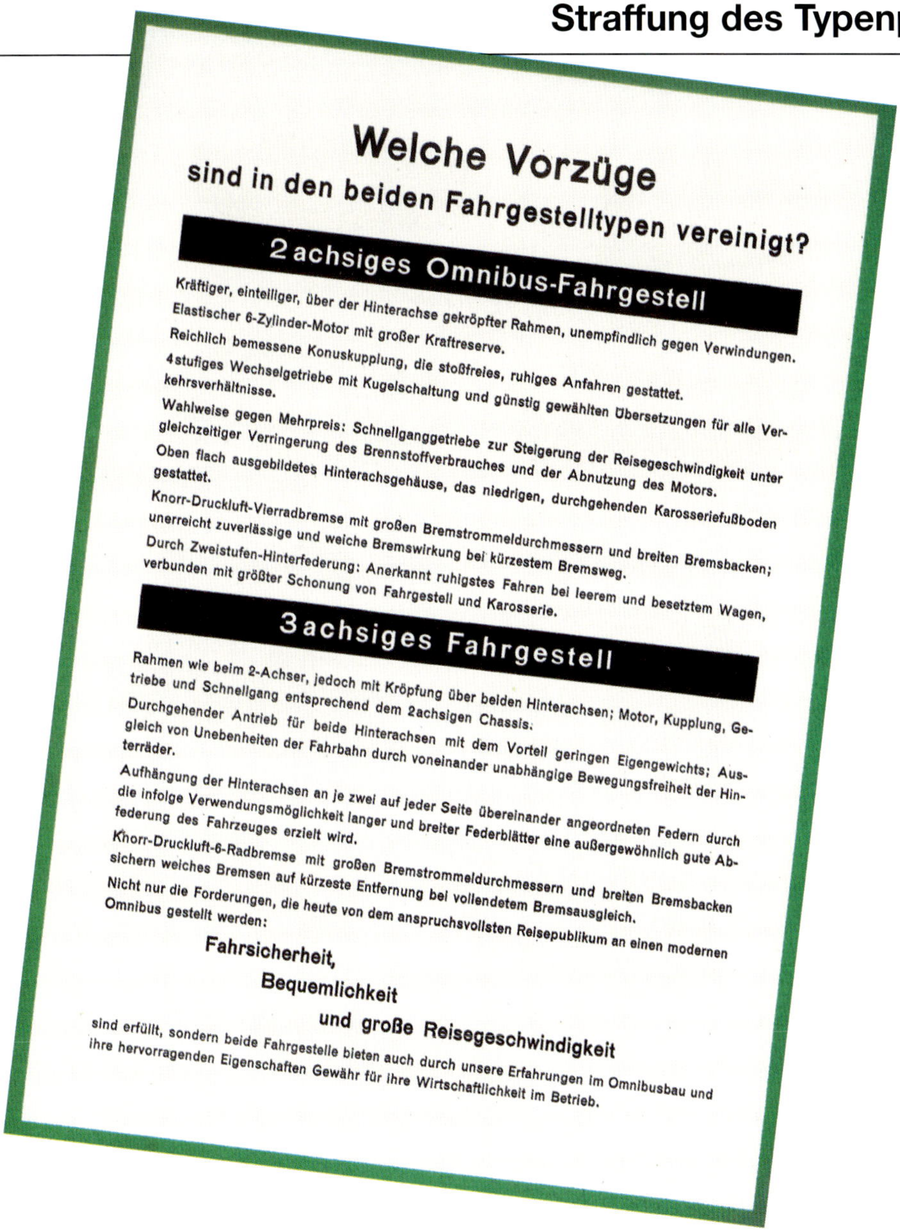

Straffung des Typenprogramms

Welche Vorzüge sind in den beiden Fahrgestelltypen vereinigt?

2 achsiges Omnibus-Fahrgestell

Kräftiger, einteiliger, über der Hinterachse gekröpfter Rahmen, unempfindlich gegen Verwindungen.

Elastischer 6-Zylinder-Motor mit großer Kraftreserve.

Reichlich bemessene Konuskupplung, die stoßfreies, ruhiges Anfahren gestattet.

4 stufiges Wechselgetriebe mit Kugelschaltung und günstig gewählten Übersetzungen für alle Verkehrsverhältnisse.

Wahlweise gegen Mehrpreis: Schnellganggetriebe zur Steigerung der Reisegeschwindigkeit unter gleichzeitiger Verringerung des Brennstoffverbrauches und der Abnutzung des Motors.

Oben flach ausgebildetes Hinterachsgehäuse, das niedrigen, durchgehenden Karosseriefußboden gestattet.

Knorr-Druckluft-Vierradbremse mit großen Bremstrommeldurchmessern und breiten Bremsbacken; unerreicht zuverlässige und weiche Bremswirkung bei kürzestem Bremsweg.

Durch Zweistufen-Hinterfederung: Anerkannt ruhigstes Fahren bei leerem und besetztem Wagen, verbunden mit größter Schonung von Fahrgestell und Karosserie.

3 achsiges Fahrgestell

Rahmen wie beim 2-Achser, jedoch mit Kröpfung über beiden Hinterachsen; Motor, Kupplung, Getriebe und Schnellgang entsprechend dem 2achsigen Chassis.

Durchgehender Antrieb für beide Hinterachsen mit dem Vorteil geringen Eigengewichts; Ausgleich von Unebenheiten der Fahrbahn durch voneinander unabhängige Bewegungsfreiheit der Hinterräder.

Aufhängung der Hinterachsen an je zwei auf jeder Seite übereinander angeordneten Federn durch die infolge Verwendungsmöglichkeit länger und breiter Federblätter eine außergewöhnlich gute Abfederung des Fahrzeuges erzielt wird.

Knorr-Druckluft-6-Radbremse mit großen Bremstrommeldurchmessern und breiten Bremsbacken sichern weiches Bremsen auf kürzeste Entfernung bei vollendetem Bremsausgleich.

Nicht nur die Forderungen, die heute von dem anspruchsvollsten Reisepublikum an einen modernen Omnibus gestellt werden:

Fahrsicherheit,

Bequemlichkeit

und große Reisegeschwindigkeit

sind erfüllt, sondern beide Fahrgestelle bieten auch durch unsere Erfahrungen im Omnibusbau und ihre hervorragenden Eigenschaften Gewähr für ihre Wirtschaftlichkeit im Betrieb.

Straffung des Typenprogramms

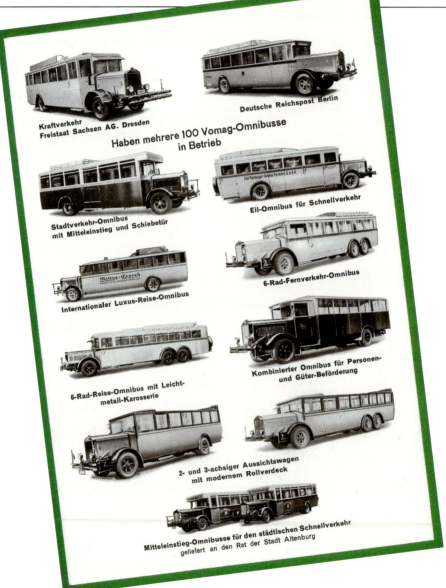

Straffung des Typenprogramms

Mit Maybachmotor und Ganzstahlaufbau der Sächsischen Waggonfabrik Werdau: VOMAG OM 57 von 1928.

Außergewöhnlich fiel die Konstruktion des VOMAG OMV von 1929 aus. Er besaß Frontantrieb. Darüber hinaus ließ sich der Triebkopf vom Fahrgastteil trennen. Diese Technik versprach in der Theorie ein große Wirtschaftlichkeit, was sich in der Praxis aber nicht bestätigte.

Dreiachser (I)

Mitte der zwanziger Jahre zeigte sich, dass Lastwagen in zweiachsiger Bauart schnell an die Grenzen ihrer Tragfähigkeit stießen. Logische Folge war die Entwicklung des Dreiachsers, bei dessen Entstehung die VOMAG zu den Schrittmachern zählte. Parallel zu Büssing schafften es die Plauener Konstrukteure, schon 1924 mit einem eigenen Dreiachsprinzip auf den Markt zu kommen. Doch hatte man es sich leichter als die Konkurrenz gemacht: An das konventionelle Zweiachs-Chassis mit einer treibenden Achse war im Bereich eines weit austragenden hinteren Überhangs einfach eine spurhaltende Schleppachse angehängt worden. Büssing ging einen Schritt weiter, konstruierte ein Doppelachsaggregat, dass über zwei angetriebene Achsen verfügte, und war damit weit überlegen. Als »Sechsradwagen« patentiert, sicherten sich die Braunschweiger einen uneinholbaren Vorsprung und waren auf Jahre hinaus unangefochtener Marktführer im Schwerlastwagenbau. Nicht nur die VOMAG geriet damit vorübergehend ins Hintertreffen.

Einen zweiten Anlauf zum Bau von Dreiachsern nahm die VOMAG 1928. Zu diesem Zeitpunkt war dort die Entscheidung gefallen, sich mehr im Bereich schwerer Nutzfahrzeuge zu bewegen und die unteren Tonnageklassen aufzugeben. Mittlerweile war praktisch erwiesen, dass die von Büssing verwendete Achsanordnung die Optimallösung darstellte. Um deren Patente nicht zu verletzen, konstruierte die VOMAG ein Doppelachsaggregat mit einer Kardanwelle vom Getriebe zur ersten Treibachse und einer weiteren Welle zur zweiten Treibachse. Diese Lösung war aufwändiger als die von Büssing, bei der zwei Kardanwellen vom Getriebe jeweils direkt zu jeder Hinterachse führten. Auch wenn es den Vogtländern nicht gelang, die unangefochtene Marktposition von Büssing zu brechen: Über die Jahre hinweg wurden bis zum Zweiten Weltkrieg vom VOMAG-Dreiachser etwa 300 Exemplare abgesetzt.

Die erste Dreiachs-Konstruktion C 3 A von der VOMAG wurde ab 1924 in wenigen Exemplaren sowohl als Omnibus wie auch als Lastwagen gebaut.

Entsprechend der kontinuierlichen Weiterentwicklung wurden dabei mehrere Typen unterschieden. Hinzu kamen unterschiedliche Chassis für Lastwagen- und Omnibusse, wobei die Unterschiede im wesentlichen gering ausfielen: Das Bus-Chassis hatte einen längeren hinteren Überhang. Von Radstand und Auspuffheizung einmal abgesehen, blieb die Fahrgestell-Konstruktion bis 1940 praktisch gleich. Schon allein wegen des imposanten Auftritts und ihrer unverwüstlichen Technik aber wurden die Dreiachser zur Legende.

Für kurze Zeit bot die VOMAG ab etwa 1928 auch Schleppachsen für ihre Fünftonner an. Man versprach dem Kunden, bezüglich Nutzlast mit den 8,5 Tonnen des konventionellen Dreiachsers gleichzuziehen. Die Praxis bewies aber, dass die Fahreigenschaften mit nur einer Treibachse nicht den Anforderungen entsprachen. Die Nachfrage blieb denn auch eher gering.

Dreiachser (I)

3-ACHS-PRITSCHENWAGEN
FÜR 7–8 to NUTZLAST

VOGTLÄNDISCHE MASCHINENFABRIK A.G.
ABT. AUTOMOBILBAU · PLAUEN i. V.

Im zweiten Anlauf den Durchbruch geschafft: Abgesehen von der Umstellung auf Dieselmotoren blieb die Konstruktion des VOMAG-Dreiachsers von 1928 über zehn Jahre bestehen.

Dreiachser (I)

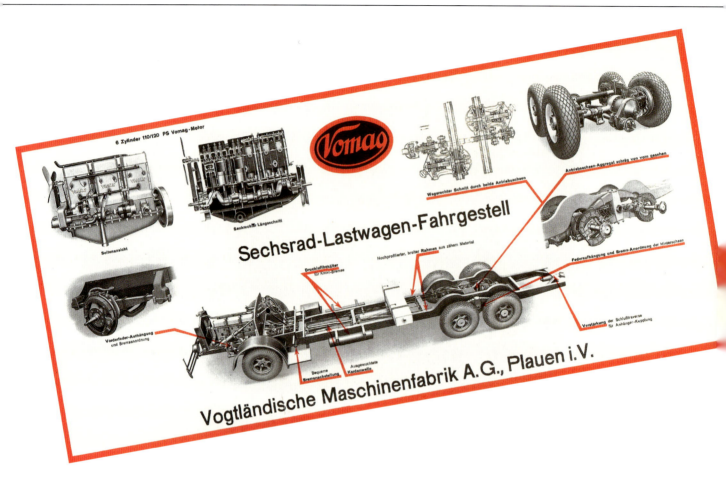

Dreiachser (I)

Was bietet das Vomag-Lastwagen-Sechsrad-Fahrgestell mit Doppelachsenantrieb und einer Rahmentragfähigkeit von 10 t ?

Es können nach den gesetzlichen Bestimmungen etwa **8000 kg Nutzlast** auf Lastwagen und außerdem ein normaler **Dreiachs-Anhänger** mitgeführt werden, da der doppelachsige Antrieb bei jedem Gelände und den ungünstigsten Straßenverhältnissen ausreicht.

Der **Sechszylinder-120 PS-Motor** besitzt stets genügend Kraftreserve und erspart vieles Umschalten auf niedrige Gänge. **Der ruhige Lauf** verbunden mit einer überragenden **Zugleistung und Geschwindigkeit** machen den Wagen für Fernfahrten in besonderem Maße geeignet.

Über die bewährte Konuskupplung, die ein stoßfreies Anfahren gestattet, und ein vierstufiges Wechselgetriebe werden **beide Hinterachsen von einer durchgehenden Kardanwelle angetrieben**. Diese Anordnung besitzt den Vorteil, daß das Eigengewicht des Fahrgestelles verhältnismäßig niedrig gehalten werden kann.

Durch weitere Anwendung eines **Schnellganggetriebes** — auf Wunsch gegen Mehrpreis — ist noch eine Steigerung der Reisegeschwindigkeit möglich bei gleichzeitiger **Verminderung des Brennstoffverbrauches und der Motorabnutzung**.

Die **Pfeilverzahnung** im Hinterachsvorgelege und **Bogenverzahnung** des Kegelradantriebes ergeben geräuschloses Arbeiten der Hinterachsen.

Die Aufhängung der Hinterachsgehäuse gestattet völlig voneinander unabhängige Bewegungsmöglichkeiten **der Räder auf der Fahrbahn** bei hervorragender Abfederung durch zwei auf jeder Seite übereinander gelagerte, lange Federn. Auch Rutschen oder Radieren der Hinterräder beim Einschlagen der Lenkung ist durch die selbsttätige Einstellung der Hinterachsen entsprechend den jeweilig befahrenen Kurven ausgeschlossen.

Die vom Fußhebel aus bediente Knorr-Druckluft-Sechsradbremse wirkt über **breite Bremsbacken** auf große Bremstrommeln von 400 bzw. 500 mm Durchmesser; mühelos kann der Fahrer bei **weichster Bremswirkung** den Lastwagen auf kürzeste Entfernung zum Stehen bringen.

Unsere Erfahrungen im Bau schwerer Nutzwagen, die Gewähr für Verwendung hochwertigen Materials verbunden mit den **unübertrefflichen Fahreigenschaften** bürgen für die Wirtschaftlichkeit dieses besonders für den Eilfernverkehr geeigneten Lastwagens.

Zwei Sechsrad-Lastkraftwagen für Ferngüterverkehr

Dreiachser (I)

Eine atemberaubende Erscheinung: Dreiachser DL 48 von 1931 mit Kässbohrer-Aufbau.

Auch als Omnibus: VOMAG DO 57 mit dem mächtigen Sechszylinder-Ottomotor aus eigenem Hause.

Der Schnelllastwagen

Schlechte Absatzzahlen im Bereich der Schwerlastwagen aufgrund der kränkelnden Wirtschaft Anfang der dreißiger Jahre, dagegen recht gute Erfolge der Konkurrenten mit neuen und günstigen Modellen in der unteren Tonnageklasse veranlassten die VOMAG, 1931 wieder eigene Dreitonner anzubieten. Was wir heute als »Transporter« bezeichnen, wurde in diesen Jahren als »Schnelllastwagen« geboren. Es waren leichte Lastwagen, äußerlich meist modernen Personenwagen nachempfunden, wendig, mit tiefer Ladekante und äußerst wirtschaftlich im Betrieb. Die VOMAG folgte dieser Entwicklung und brachte ein sehr erfolgreiches Modell mit drei Tonnen Nutzlast heraus. In der ersten Stufe noch als Typ 3 Cz 40 und 3 Cz 44 (die beiden letzten Ziffern gaben den Radstand in Dezimetern an) offeriert, wurde der Wagen dann als Typ 3 LR 443 beziehungsweise 3 LV 443 (= 3 Tonnen Nutzlast, Lastwagen, Rohöl-/Vergasermotor, 4 Zylinder, 4,30 m Radstand) bis zum Ausbruch des Zweiten Weltkrieges in etwa 1500 Exemplaren einschließlich abgewandelter Typen gebaut.

Hinsichtlich der Wirtschaftlichkeit ihrer Motoren hatte die VOMAG Anfang der dreißiger Jahre etwas den Anschluss an andere Marken verloren – ein Umstand, der sich vor allem auch in den Zulassungszahlen bemerkbar machte und sicher auch mit ein Grund für den Konkurs 1932 war. Ob Büssing-NAG, Daimler-Benz oder MAN, die großen deutschen Nutzfahrzeughersteller hatten inzwischen ihre Modelle weitgehend auf wirtschaftlichere Rohöl-, sprich Dieselmotoren umgerüstet. Da die Mittel für die Eigenentwicklung eines Dieselmotors nicht zur Verfügung standen, bediente sich die VOMAG des Schweizer Wirbelkammer-Verfahrens der Firma Oberhänsli aus Bregenz. Die nicht unerheblichen Lizenzgebühren Mitte der dreißiger Jahre führten dann zwar zu Versuchen mit dem düsenlosen Einspritzverfahren nach dem System Thomas & Stuhr, doch blieben diese erfolglos und deshalb die VOMAG dem Wirbelkammer-Verfahren letztlich treu, womit sie im wahrsten Sinne des Wortes auch ganz ausgezeichnet fuhr. Die sehr massiven und leistungsstarken Triebwerke der VOMAG wirkten schon damals etwas raubeinig, waren aber praktisch unverwüstlich. Als Langhuber kon-

Die neue Schnelllastwagen-Generation brachte der VOMAG 1931 neue Erfolge in der leichten Tonnageklasse.

struiert, entwickelten sie schon im unteren Drehzahlbereich enorme Kräfte. Nicht umsonst standen sie noch Jahrzehnte später in Diensten so manchen DDR-Fuhrgeschäfts.
Zunächst im Schnelllastwagen angeboten, vervollkommnete die VOMAG ihr Dieselmotorenangebot in raschem Tempo,

Der Schnelllastwagen

sodass nach 1934 nur noch vereinzelt Wagen auf Kundenwunsch mit Vergasermotoren bestückt wurden. Zugute kam dem VOMAG-Motor, dass er als Vielstoffmotor ausgelegt war. Durch wenige Veränderungen am Kopf konnte der Dieselmotor auch als Vergasermotor genutzt werden, was sich vor dem Hintergrund der Treibstoff-Politik der Nationalsozialisten als sehr hilfreich herausstellte. Die VOMAG wurde außerdem – schon zu Beginn der dreißiger Jahre – zu einem der Schrittmacher bei Holzgas- und Flaschengas-Antrieben.

Die schwere Dieselmotoren-Baureihe vom Zweizylinder-Bootsmotor bis zum großen Sechszylinder deckte ein Leistungsspektrum von 36 bis 140 PS ab, Vier- und Sechszylinder brachten es in ihrer letzten Vorkriegs-Ausbaustufe auf 100 bis 160 PS. Parallel dazu gab es ab Mitte der dreißiger Jahre eine leichte Vier- und Sechszylinder-Baureihe mit 72 beziehungsweise 110 PS. In geringen Stückzahlen verließen auch einige Achtzylinder-Triebwagenmotore in liegender Bauart das Werk. Nur hier wurde das Einspritzverfahren System Thomas & Stuhr genutzt.

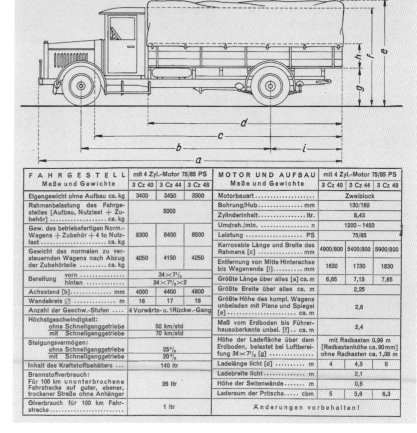

Der Schnelllastwagen

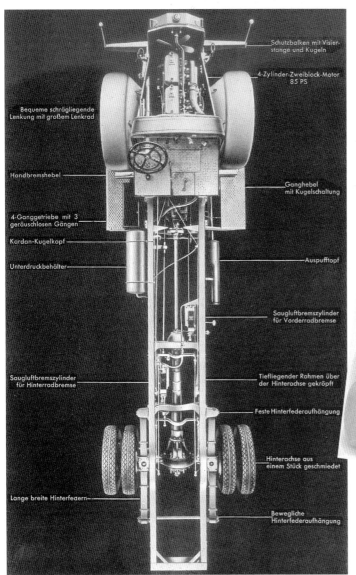
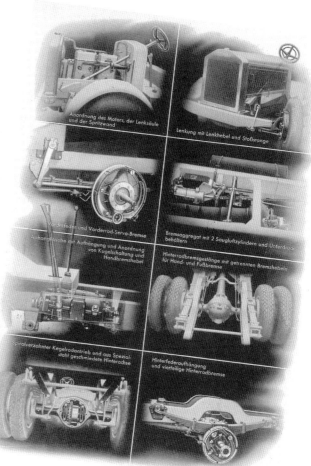

Der Schnelllastwagen

Der Schnelllastwagen

Tiefrahmen für 4-t-Anhänger geeignet · Längsträger von 190 mm hohem Profil aus zähem, hochwertigem Spezialblech — Breite 860 mm — über der Hinterachse gekröpft · Reichlich dimensionierte Querträger geben dem Rahmen eine große Steifigkeit Durchgehende Druckluftbremse für Anhänger

Der VOMAG-Dreitonner reifte dank kontinuierlicher Modellpflege über ein Jahrzehnt hinweg zum Typ 3 LR 443. Dieser Typ war in der kleinen Klasse für das Unternehmen ein großer Erfolg.

Der Schnelllastwagen

85 PS Vomag DIESELMOTOR

115 Bohrung · 160 Hub mit **Zweischeiben-Trockenkupplung** · Vierganggetriebe mit Kugelschaltung · Motor – Kupplung – Getriebeblock in elastischer **Gummiaufhängung** · Spielend leicht bewegliche **Schraubenlenkung** · **Kraftübertragung** vom Getriebe zur Hinterachse durch ausgewuchtete Rohrwellen mit unverwüstlichen elastischen Gummiblockgelenken · Keine Wartung · Stoß- und schwingungsfreie Übertragung der Kräfte des Motors auf die Hinterachse · **Kräftige Hinterachse** aus bestem Elektro-Stahlguß, hinterer Deckel abnehmbar · Spiralverzahnter Kegelradantrieb · Lange und breite **Abwälzfedern** in Gleitlagerung · Knorrdruckluft-Vierradbremse · Die Handbremse wirkt als mechanische Bremse ebenfalls auf alle 4 Räder · Die Bremse an den Rädern ist eine nach jeder Fahrtrichtung wirkende Servobremse

Der Schnelllastwagen

Mit dem Wirbelkammer-Verfahren der Schweizer Firma Oberhänsli kaufte die VOMAG Anfang der dreißiger Jahre ein zuverlässiges Motorenkonzept ein und blieb diesem bis zum Ende treu. Selbst die späteren Lastwagenmotoren der DDR basierten noch auf diesem System und nutzten die Erfahrungen der VOMAG.

Der Schnelllastwagen

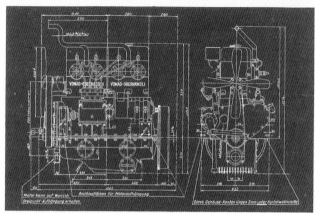

Einbauschema des Vomag-Rohöl-Motors

Vierzylinder	130 mm Bohrung		180 mm Hub	
Inhalt 9,56 Ltr.	Betriebsstoff-Verbrauch 210 gr pro PS. und Stunde		Gewicht des betriebsf. Motors mit Licht- u. Anl.-Anlage ca.670 kg	
Type	Umdrehungen / Min.			
4 R. 30/80	800	1000	1200	1400
Leistung	49 PS	62 PS	75 PS	87 PS

Vorzüge zu Ihrem Nutzen:

Rauchlose, saubere Verbrennung bei jeder Tourenzahl.
Restloses Ausnutzen des Betriebsstoffes, daher der geringe Brennstoffverbrauch, der die Verwendung des VOMAG-Rohöl-Motors direkt als Sparmaßnahme kennzeichnet.
Einspritzung des Gasöles in eine Glühschale, das Rohöl kommt also nie mit Kolben oder Zylinderwand in Berührung.
Eine Schmierölzersetzung wird dadurch vermieden. Außergewöhnliche Anspruchslosigkeit in der Wartung ist die Folge.
Durch einen direkten Zugang zum Verbrennungsraum ist ein leichtes Kontrollieren der Einspritzdüsen möglich.
Der sehr niedrige Verdichtungs- und Verbrennungsdruck schont das edle Material, so daß man mit einer außergewöhnlichen Lebensdauer des VOMAG-Rohöl-Motors rechnen kann.

Vogtländische Maschinenfabrik A.-G., Plauen i.V.

Der Schnelllastwagen

DER VOMAG-ROHÖL-MOTOR

für Lastkraftwagen und sämtliche anderen Einbauzwecke erfüllt alle Voraussetzungen, die man in bezug auf rauchlose Verbrennung in allen Belastungsstufen, große Zugleistung, Elastizität, ruhiges Laufen und leichtes Anspringen irgendwie an ihn stellen kann.

Der Viertakt-Motor hat hängende Ventile. Eine Boschpumpe drückt das Gasöl durch Einspritzdüsen in die Zylinder. Zum Anlassen werden dauerhafte Glühkerzen kurz angewärmt, damit das eingespritzte Gasöl leichter verdampft.

Der Brennstoff wird in eine seitlich vom Verbrennungsraum angebrachte Schale gespritzt, die während des Betriebes heiß ist. Die eintretende Erwärmung und die auf etwa 25 Atm. verdichtete Luft bringen das durch die Düse vernebelte Öl jetzt zur einwandfreien Verbrennung. Durch die Anordnung der Glühschale kommen Kolbenboden und Kolbenlaufbahn nie mit flüssigem Brennstoff in Berührung, so daß eine vorzeitige Abnutzung der bewegten Teile und eine Zersetzung des Schmieröles unmöglich gemacht ist.

Die Tätigkeit der Einspritzdüsen kann man leicht kontrollieren, wenn man nach Lösen der seitlich am oberen Zylinderteil befindlichen Muttern den Flansch abnimmt. Eine Demontage der Zylinderköpfe ist dabei nicht nötig. Zweckmäßigkeit war auch hier, wie immer für uns, erstes Gebot. Besonders zu erwähnen ist, daß der Brennstoffverbrauch im Drehzahlbereich von 700 bis 1500 nur geringen Schwankungen unterworfen ist.

Alle beanspruchten Teile sind reichlich dimensioniert; trotzdem gelang es, die Maschine im Gewicht leicht und mit 4 Zylindern verhältnismäßig klein zu bauen, so daß auch an Raum gespart wird.

Die Verdichtung von etwa 25 Atm. und der niedrige Verbrennungsdruck beeinflussen die Lebensdauer des Motors in günstigster Weise.

Der kurze Überblick zeigt, daß es sich nicht etwa um einen Motor üblicher Bauart handelt, sondern daß langjährige Erfahrung und mit größter Zähigkeit durchgeführte Versuche zu einer in jeder Beziehung einzig dastehenden Konstruktion geführt haben.

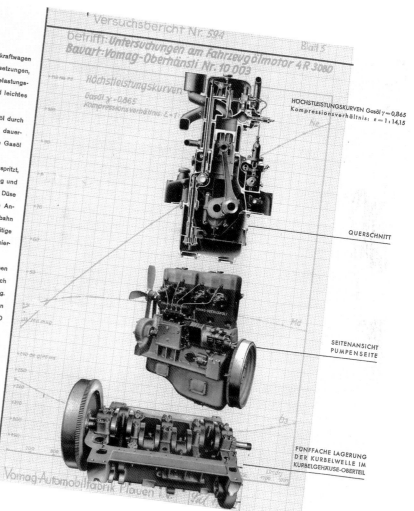

Der Schnelllastwagen

Die leichte Motorenbaureihe der VOMAG komplettierte ab 1935 das Angebot im unteren Leistungsspektrum. Im Gegensatz zur schweren Bauart bestanden hier Motorblock und Kurbelgehäuse aus einem Teil.

Der Schnelllastwagen

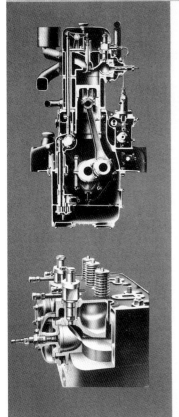

Vomag-Wirbelkammer-Dieselmotoren

sind für fahrbare und ortsfeste Kraftanlagen die bestgeeignetsten Antriebsmaschinen. Infolge ihres **einfachen** und **übersichtlichen Aufbaues,** der guten Zugänglichkeit aller für den ordnungsgemäßen Betrieb wichtigen Elemente, sind die Motoren insbesondere für rauhe Betriebe, wie Baumaschinen, Bagger, Preßluftanlagen und dergl., sowie für Bootsanlagen hervorragend geeignet, ebenso wie sie sich im Schwerlastwagen-, Omnibus- u. Triebwagenbetrieb bestens bewährt haben.

Sie werden als Viertakt-Motoren in Zwei-, Vier-, Sechs- und Achtzylinder-Reihenausführung mit zwei verschiedenen Zylinderabmessungen gebaut und verbürgen auf Grund langjähriger Konstruktions- und Fabrikationserfahrungen

**hohe Betriebssicherheit
bei einfachster Wartung.**

Arbeitsweise:

Die Vomag-Wirbelkammer-Motoren arbeiten nach dem patentierten Wirbelkammerverfahren.

Die vom abwärtsgehenden Kolben angesaugte Luft wird durch den aufwärtsgehenden Kolben auf etwa 27 at verdichtet und gleichzeitig stark erhitzt. Ungefähr 25° vor oberem Totpunkt beginnt die Brennstoffpumpe den Brennstoff durch die Düse mit etwa 65—70 at einzu-

spritzen, wobei er fein zerstäubt in die kugelförmige Wirbelkammer gelangt. Durch den sinnreich ausgeführten Übertrittskanal vom Zylinder zur Wirbelkammer erfolgt ein kräftiger Luftwirbel, der eine innige Vermischung des Brennstoffnebels mit der Luft bewirkt und die einwandfreie Verbrennung zur Folge hat. Der in die Wirbelkammer als Glühschale eingesetzte, isolierte Wärmespeicher bewirkt selbst bei plötzlich stark wechselnder Belastung des Motors durch seine Wärmeabgabe an die Verbrennungsluft rauchlose Verbrennung in allen Belastungsstufen und vollständig ruhigen klopffreien Lauf.

Die Motoren werden in zwei Typenreihen gebaut:

Die Konstruktion beider Typen ist nach verschiedenen Gesichtspunkten durchgeführt, wodurch sich auch der verschiedene

Aufbau ergibt.

Kurbelgehäuse-Oberteil mit aufgesetzten Zwillings-Zylinderblöcken charakterisieren die Typenreihe „R. 3080", während bei der Typenreihe „R. 1060" die Zylinder mit dem Kurbelgehäuse-Oberteil vereinigt und die Zylinderlaufbahn als **nasse** Büchsen eingesetzt sind. Beiden Typen gemeinsam sind die Ausführung der Zylinderköpfe als Zwillingsköpfe, hängende Ventile, Umlaufdruckschmierung, Stirnräder-Antrieb für Steuerwelle und Brennstoffpumpe.

Der Schnelllastwagen

Regulierung:

Die Zumessung der je nach Belastung nötigen Brennstoffmenge durch die Brennstoffpumpe wird durch einen Doppelregler reguliert, der außerdem die Leerlauf- und Höchstdrehzahl in der gewünschten Höhe einstellt.

Anlassen:

Das Anlassen geschieht mittels elektrischem Anlasser, der über einen Zahnkranz am Schwungrad auf die Kurbelwelle wirkt. Bei kaltem Motor leiten die in die Wirbelkammer eingebauten, elektrisch beheizten Glühkerzen die Zündung ein. Zum Aufladen der notwendigen Anlaßbatterien ist eine kräftige Lichtmaschine vorgesehen, die entweder durch Stirnräder oder durch Keilriemen angetrieben wird.

Kühlung:

Die Motoren sind für Durchflußkühlung oder Umlaufkühlung in gleicher Weise geeignet. Für Umlaufkühlung ist eine reichlich dimensionierte Zentrifugalpumpe sowie Windrad vorgesehen.

Sonderbauarten:

Der ruhige Lauf der Motoren macht sie in hervorragender Weise geeignet als Einbaumotoren in Lastwagen und Omnibusse. Für Passagier- und Frachtboote, bei denen erschütterungsfreier Lauf Bedingung ist, haben wir die Motoren in Sonderbauart entwickelt. Diese Motoren sind mit direkt angeflanschtem Wendegetriebe und direkt gekuppelter Kühlwasser- und Lenzpumpe ausgerüstet.

Wiederbelebung des Fünftonners

Mit der Auffanggesellschaft »VOMAG-Betriebs-A.-G.« startete die Plauener Marke ab 1933 aus dem Keller der Absatzzahlen heraus erneut durch. Parallel zur Einführung des Dieselmotors fand eine Neuordnung der Baureihen statt. Mit einem komplett neuen Modell (das im Prinzip den gekröpften Rahmen des kleinen Dreitonners aufwies) fand auch in der erfolgreichen Nutzlastklasse von 5 Tonnen der Übergang zu Modellen mit tieferem Schwerpunkt statt. Das im Vergleich zum Schnelllaster etwas stärker durchgekröpfte Niederrahmenmodell trug die Bezeichnung 5 NL (= 5 Tonnen Nutzlast, Niederrahmen-Lastwagen), die ab 1935 dann an die übrigen Typencodes angeglichen wurde und nun 5 LR (= 5 Tonnen Nutzlast, Lastwagen, Rohölmotor) lautete. Den Fünftonner gab es in zwei Radständen von 4,80 m und 5,40 m Länge.

In Ergänzung dazu bot die VOMAG noch den etwas leichteren Viereinhalbtonner 4,5 LR an, der technisch und fahrgestellseitig auf dem Fünftonner-Konzept beruhte. Beide Modelle gab es darüber hinaus auch mit Kipper (Radstand 4,40 m) sowie als Sattelzugmaschine (Radstand 3,80 m). Normalerweise mit dem schweren Vierzylinder-Dieselmotor des Typs 4 R 3080 (= 4 Zylinder, Rohölmotor, 130 mm Bohrung, 180 mm Hub) nach dem Oberhänsli-Prinzip ausgerüstet, stand in beiden Tonnageklassen auch der leichte Sechszylindermotor 6 R 1060 zur Wahl. Äußerlich war an der etwas längeren Haube erkennbar, dass der Sechszylinder eingebaut war.

Der VOMAG-Fünftonner 5 LR mit Niederrahmen-Fahrgestell von 1935.

Wiederbelebung des Fünftonners

110 PS 6 Zyl. 110 Bohrung 160 Hub
oder
100 PS 4 Zyl. 130 Bohrung 180 Hub

Wirbelkammer-Dieselmotor

mit Zweischeiben-Trockenkupplung und Vierganggetriebe mit Kugelschaltung. Auf Wunsch **Schnellganggetriebe**.

Die Vorteile des Vomag-Wirbelkammer-Dieselmotors:

① **Einspritzung des Gasöles** in die Glühschale der vom Zylinderraum abgeschnürten Wirbelkammer.

② **Hier** — also nicht im Zylinder — erfolgt vollkommene Gemischbildung, d. h. zunächst Verdampfung des Gasöles beim Aufprallen auf die Glühschale und dann Durchwirbelung u. innige Verbindung des Oeldampfes mit dem Sauerstoff der Luft, die durch den sinnreich ausgebildeten Uebertrittskanal vom Zylinderraum in die Wirbelkammer strömt.

③ **Dadurch restlose Verbrennung** bei niedrigen Drücken in allen Belastungsstufen und bei plötzlichem Belastungswechsel.

④ **Unerreichter Leerlauf** durch die als **Wärmespeicher** wirkende Glühschale.

⑤ **Niedrige Einspritzdrücke,** daher unbegrenzte Haltbarkeit von Einspritzpumpe u. Düse.

⑥ **Niedrige Verdichtung,** daher geringe Verbrennungsdrücke und größte Schonung des Triebwerks.

⑦ **Keine Oelkohlebildung,** daher kein Verschleiß von Kolben und Zylinderlaufbahn.

⑧ **Keine Oelverdünnung,** da selbst bei Hängenbleiben der Einspritzdüse der Brennstoff in der Glühschale verbrennt.

Uebersichtliche Bauweise des Motors, elastische Gummi-Aufhängung im Rahmen, bequeme Zugänglichkeit von allen Seiten.
Spielend **leichte Schraubenlenkung.**
Für jedes Rad ein besonderer **Druckluft-Bremszylinder.**
Die Bremse der Vorderräder kann bei Glatteis ausgeschaltet werden.

Kräftiger breiter Tiefrahmen, Profil 220 mm hoch, **mit breiten Flanschen** aus hochwertigstem, zähem Spezialstahlblech mit reichlich bemessenen Querträgern, — große Elastizität und Winkelsteifigkeit.
Knorr-Druckluft-Vierradbremse organisch mit dem Fahrgestell verbunden — für jedes Rad ein besonderer Bremszylinder. Beste und wirksamste Bremse der Welt, idealer Bremsausgleich. 2 Druckluftkessel.
Eindruck-Zentralschmierung in 2 Sekunden 28 Schmierstellen zuverlässig geschmiert.
Anhängekupplung, unfallsicher, federnd, mit Fangschale.
Durchgehende Druckluftbremse für Anhänger.

Wiederbelebung des Fünftonners

Hinterachsgehäuse aus Spezialstahl **im Gesenk aus einem Stück geschmiedet.** — Unverwüstlich und völlige Entlastung der Seitenwellen von Biegungsbeanspruchungen.

Kraftübertragung vom Getriebe zur Hinterachse durch **Rohrwellen** mit unverwüstlichen, elastisch. **Gummiblock-Gelenken** — keine Wartung.
Batterien stehen geschützt vor Kälte und Nässe und Erschütterungen unter dem Führersitz.
Handbremse vom Führersitz aus nachstellbar.

5 t Pritschenwagen — Normalausführung

Spiralverzahnter Kegelradantrieb vorgezogen und in der Hinterachse breite Stirnradverzahnung, nach hinten herausnehmbar.
Stirnrad-Vorgelege.

16 t Sattelschlepper

Das **Fahrgestell** wird auch für **Sattelschlepper** geliefert.
(Abmessungen siehe Tabelle.)
Tragfähigkeit des Sattelschleppers 8—9 t | Gesamtnutzlast
" des Anhängewagens 7½ t | ca. 16 t.

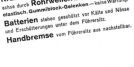

Lange und breite **Abwälz-Federn** in Gleitlagerung.
Hinterrad-Schachtelinnenbackenbremse, daher Fußbremse von Handbremse unabhängig. Bremstrommel-Durchmesser 440 mm. Breite der Bremsbacken 120 mm.

5 t Möbelwagen mit 7½ t Anhänger

Wiederbelebung des Fünftonners

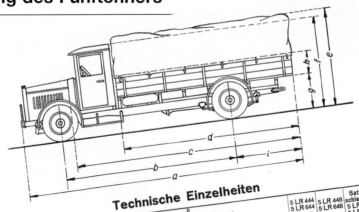

Technische Einzelheiten

Fahrgestell Maße und Gewichte	5 LR 444 5 LR 644 Kipper	5 LR 448 5 LR 648	Sattel- schlepper 5 LR 438 5 LR 638
Radstand (b) . . . . mm	4400	4800	3800
Wendekreis Ø . . . . m	16	17	14
Höchstgeschwindigkeit ohne Schnellgang km/std. mit " "	4 Zyl. 6 Zyl. 33–42,5 40–50 47–54 55–65		4 Zyl. 6 Zyl. 38 44,5 54 55,5
Anzahl der Geschw.-Stufen	4 Vorwärts-, 1 Rückwärts-Gang		4 Vorw.- 1 Rückw.-G.
Brennstoffverbrauch f. 100 km ununterbrochene Fahrt auf guter, ebener, trockener Straße ohne Anhänger . . . ca. kg	4 Zyl. 21	6 Zyl. 27	4 Zyl. 6 Zyl. 24 30
Ölverbrauch für 100 km Fahrstrecke . . . . . ca. kg	1		1
Inhalt des Brennstoffbehälters l	145		160
Kupplung	2-Scheiben		2-Scheib
Bremsen	4-Rad-Druckluft		4-Rad- Druckluft
Karossable Länge und Breite des Rahmens (c) . . mm	5025 800	5955/800	4360/800
Bereifung vorn einfach, hinten doppelt	36×8,5"		36×8,5"
Eigengewicht des betriebsfert. Fahr- 4 Zyl. ca. kg gestelles (mit Wasser, Brennstoff und 6 Zyl. ca. kg Batterien)	4300 4380	4300 4380	4 Zyl. 6 Zyl. 4250 4330
Gewicht der Zubehörteile (Werkzeug, Wagenheber, Reserve-Reifen und sonstiges Zubehör) . . ca. kg	150		150

Aufbau Maße und Gewichte	5 LR 444 5 LR 644 Kipper	5 LR 448 5 LR 648	Sattel- schlepper 5 LR 438 5 LR 638
Ladelänge licht (d) . . . mm	4000	5000	—
Ladebreite licht . . . . mm	2200		—
Höhe der Seitenwände (h) mm	500	600	—
Laderaum der Pritsche . m³	4,4	6,6	4 Zyl. 6 Zyl.
Größte Länge über alles (a) ca. mm	7570	7890	6160 6430
Größte Breite über alles ca. mm	2350	2350	2350
Größte Höhe des kompl. Wagens unbeladen mit Plane und Spriegel (e)	3200		860 bis Rahmenende
Entfernung von Mitte Hinterachse bis Wagenende (i)	1630	1880	
Maß v. Erdboden bis Führerhausoberkante, unbelad (f) mm	2460		2460
Höhe der Ladefläche über dem Erdboden, belastet (g) ohne Radkasten . . . . ca. mm mit Radkasten ca. mm	1190 1060		
Bodenfreiheit bei normaler Bereifung im belasteten Zustand des Wagens Vorderachse . . . mm Hinterachse . . . mm Motor . . . . . . mm		230 275 310	230 275 310
Gewicht des betriebsfert. Wagens m. Zubehör u. Nutzlast ca. kg Vorderachsdruck . . ca. kg Hinterachsdruck . . ca. kg		11200 3700 7500	10430 3760 6670	je nach Ausführ- ung
Gewicht des zu versteuern- den Wagens . . . ca. kg		6050	5280	"
Gewicht mit 6-Zyl.-Motor mehr ca. kg		80	80	

Unser Programm: Lastkraftwagen, Sattelschlepper, Omnibusse

3–3½ t, 4 t, 4–4½ t, 5 t, 6 t, 8 t

50 PS — 140 PS Diesel- und Benzinmotore

VOMAG-BETRIEBS-A.-G. · PLAUEN i. V.

Wiederbelebung des Fünftonners

4–4½ t
100 PS Diesel
mit Knorr-Druckluft-Vierradbremse
Eindruck-Zentralschmierung
5500 kg Tragfähigkeit des Fahrgestells
für Betrieb mit 7½ t Anhänger eingerichtet

100 PS 130 Bohrung
180 Hub
Wirbelkammer-Dieselmotor

mit Zweischeiben-Trockenkupplung und Vierganggetriebe mit Kugelschaltung. Auf Wunsch Schnellganggetriebe.

Äußerlich kaum von diesem zu unterscheiden, gab es neben dem Fünftonner von VOMAG auch einen leicht abgelasteten Viereinhalbtonner 4,5 LR.

Die Vorteile des Vomag-Wirbelkammer-Dieselmotors:

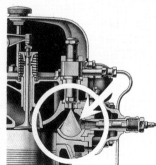

① **Einspritzung des Gasöles** in die Glühschale der vom Zylinderraum abgeschnürten Wirbelkammer.

② **Hier** — also nicht im Zylinder — erfolgt vollkommene Gemischbildung, d. h. zunächst Verdampfung des Gasöles beim Aufprallen auf die Glühschale und dann Durchwirbelung u. innige Verbindung des Oldampfes mit dem Sauerstoff der Luft, die durch den sinnreich ausgebildeten Übertrittskanal vom Zylinderraum in die Wirbelkammer strömt.

③ **Dadurch restlose Verbrennung** bei niedrigen Drücken in allen Belastungsstufen und bei plötzlichem Belastungswechsel.

④ **Unerreichter Leerlauf** durch die als **Wärmespeicher** wirkende Glühschale.

⑤ **Niedrige Einspritzdrücke**, daher unbegrenzte Haltbarkeit von Einspritzpumpe u. Düse.

⑥ **Niedrige Verdichtung**, daher geringe Verbrennungsdrücke und größte Schonung des Triebwerks.

⑦ **Keine Oelkohlebildung**, daher kein Verschleiß von Kolben und Zylinderlaufbahn.

⑧ **Keine Oelverdünnung**, da selbst bei Hängenbleiben der Einspritzdüse der Brennstoff in der Glühschale verbrennt.

Wiederbelebung des Fünftonners

Spielend **leichte Schraubenlenkung**.
Für jedes Rad ein besonderer
Druckluft-Bremszylinder.
Die **Bremse der Vorderräder** kann bei Glatteis ausgeschaltet werden.

Kräftiger breiter Tiefrahmen, Profil 220 mm hoch, **mit breiten Flanschen** aus hochwertigstem, zähem Spezialstahlblech mit reichlich bemessenen Querträgern, — große Elastizität und Winkelsteifigkeit.
Das **Fahrgestell** ist kräftig genug, um ständig einen Anhänger bis 7½ t Nutzlast ziehen zu können.
Knorr–Druckluft–Vierradbremse organisch mit dem Fahrgestell verbunden — für jedes Rad ein besonderer Bremszylinder. Beste und wirksamste Bremse der Welt, idealer Bremsausgleich. 2 Druckluftkessel.
Eindruck-Zentralschmierung in 2 Sekunden 28 Schmierstellen zuverlässig geschmiert.
Anhängekupplung, unfallsicher, federnd, mit Fangschale.
Durchgehende Druckluftbremse für Anhänger.

Hinterachsgehäuse aus Spezialstahl im Gesenk aus einem Stück geschmiedet. — Unverwüstlich und völlige Entlastung der Seitenwellen von Biegungsbeanspruchungen.

Lange und breite **Abwälz-Federn** in Gleitlagerung.
Hinterrad-Schachtelinnenbackenbremse, daher Fußbremse von Handbremse unabhängig. Bremstrommel-Durchmesser 440 mm. Breite der Bremsbacken 120 mm.

Kraftübertragung vom Getriebe zur Hinterachse durch **Rohrwellen** mit unverwüstlichen, elastischen **Gummiblock-Gelenken** — keine Wartung.
Batterien stehen geschützt vor Kälte und Nässe und Erschütterungen unter dem Führersitz.
Handbremse vom Führersitz aus nachstellbar.

Spiralverzahnter Kegelradantrieb vorgezogen und in der Hinterachse breite Stirnradverzahnung, nach hinten herausnehmbar.
Stirnrad-Vorgelege.

Wiederbelebung des Fünftonners

Sattelschlepper für 15 t

Sattelschleppfahrgestell

Sattelschleppanhänger

Das **Fahrgestell** wird auch für **Sattelschlepper** geliefert. (Abmessungen siehe Tabelle.)
Tragfähigkeit des Sattelschleppers 7–8 t } Gesamtnutzlast
" des Anhängewagens 7½ t } ca. 15 t.

4–4½ t Pritschenwagen

Reichspost-Omnibus

Fern-Omnibus

Wiederbelebung des Fünftonners

Wunderschön gestaltete Prospekte warben, wie hier für den weit verbreiteten Fünftonner, für die qualitativ ebenso hochwertigen VOMAG-Produkte.

5 Tonnen Niederrahmen

7000 kg Fahrgestell-Tragfähigkeit

mit Knorr-Druckluft-Vierradbremse,
Zweischeiben-Trockenkupplung,
Roß-Lenkung
Vierganggetriebe mit Kugelschaltung,
Eindruck-Zentralschmierung.
Auf Wunsch: Schnellganggetriebe.

Die Vorteile des VOMAG-Wirbelkammer-Dieselmotors

110 PS Sechs-Zyl. 110 Bohrung   oder   **100 PS** Vier-Zyl. 130 Bohrung
Hubvolumen 9,12 l   160 Hub   Hubvolumen 9,56 l   180 Hub

① Einspritzung des Gasöles in die Glühschale der vom Zylinderraum abgeschnürten Wirbelkammer.

② Hier — also nicht im Zylinder — erfolgt vollkommene Gemischbildung, d. h. zunächst Verdampfung des Gasöles beim Aufprallen auf die Glühschale und dann Durchwirbelung und innige Verbindung des Öldampfes mit dem Sauerstoff der Luft, die durch den sinnreich ausgebildeten Übertrittskanal vom Zylinderraum in die Wirbelkammer strömt.

③ Dadurch restlose Verbrennung bei niedrigen Drücken in allen Belastungsstufen und bei plötzlichem Belastungswechsel.

④ Unerreichter Leerlauf durch die als Wärmespeicher wirkende Glühschale.

⑤ Niedrige Einspritzdrücke, daher unbegrenzte Haltbarkeit von Einspritzpumpe und Düse.

⑥ Niedrige Verdichtung, daher geringe Verbrennungsdrücke und größte Schonung des Triebwerks.

⑦ Keine Ölkohlebildung, daher kein Verschleiß von Kolben und Zylinderlaufbahn.

⑧ Keine Ölverdünnung, da selbst bei Hängenbleiben der Einspritzdüse der Brennstoff in der Glühschale verbrennt.

Wiederbelebung des Fünftonners

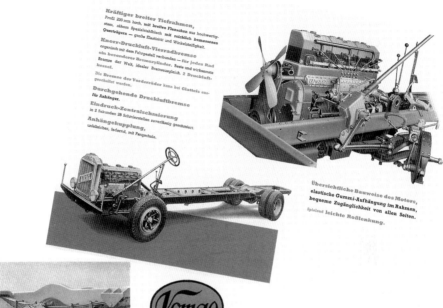

Kräftiger breiter Tiefrahmen,
Profil 220 mm hoch, mit breiten Flanschen aus hochwertigem, zähem Spezialstahlblech mit reichlich bemessenen Querträgern — große Elastizität und Winkelsteifigkeit.

Knorr-Druckluft-Vierradbremse
organisch mit dem Fahrgestell verbunden — für jedes Rad ein besonderer Bremszylinder. Beste und wirksamste Bremse der Welt, idealer Bremsausgleich. 2 Druckluftkessel.

Die Bremse der Vorderräder kann bei Glatteis ausgeschaltet werden.

Durchgehende Druckluftbremse
für Anhänger.

Eindruck-Zentralschmierung
in 2 Sekunden 28 Schmierstellen zuverlässig geschmiert.

Anhängekupplung,
unfallsicher, federnd, mit Fangschale.

Übersichtliche Bauweise des Motors, elastische Gummi-Aufhängung im Rahmen, bequeme Zugänglichkeit von allen Seiten. Spielend leichte Roßlenkung.

Hinterachsgehäuse aus Spezialstahl **im Gesenk aus einem Stück geschmiedet.** — Unverwüstlich und völlige Entlastung der Seitenwellen von Biegungsbeanspruchungen.

Lange und breite **Abwälz-Federn** in Gleitlagerung **Hinterrad-Schachtelinnenbackenbremse,** daher Fußbremse von Handbremse unabhängig. Bremstrommel-Durchmesser 440 mm. Breite der Bremsbacken 120 mm.

Spiralverzahnter Kegelradantrieb vorgezogen und in der Hinterachse breite Stirnradverzahnung, nach hinten herausnehmbar. **Stirnrad-Vorgelege.**

Kraftübertragung vom Getriebe zur Hinterachse durch **Rohrwellen** mit unverwüstlichen, elast. Gummiblock-Gelenken — keine Wartung.

Batterien stehen geschützt vor Kälte und Nässe und Erschütterungen unter dem Führersitz.

Handbremse vom Führersitz aus nachstellbar.

Wiederbelebung des Fünftonners

5 t Pritschenwagen

5 t Möbelwagen mit 8 t Anhänger

Dreiseiten-Motorkipper

Wiederbelebung des Fünftonners

Ab 1936 komplettierte das VOMAG-Programm auch der so genannte »Eilschlepper« des Typs 5 ZR 434, eine vom Fünftonner abgeleitete Straßenzugmaschine für 24 Tonnen Zuglast.

Die Sechseinhalbtonner

Mitte der dreißiger Jahre wandelte sich der herkömmliche Fernlastzug. Die Zulassungsordnung erlaubte jetzt leistungsfähigere Zugwagen, woraufhin sich der Sechseinhalbtonner als neuer Standard im Fernverkehr etablierte. Neben Daimler-Benz, Büssing-NAG, Krupp, MAN und Henschel bot auch die VOMAG ab 1935 ein Modell in dieser Tonnageklasse an – und ein überaus erfolgreiches dazu. Ausgangsbasis für dieses Modell war das konservative, aber unverwüstliche Chassis des alten Fünftonners 5 Cz. Der starke Rahmen ohne Kröpfung bekam den schweren Sechszylinder-Wirbelkammer-Motor sowie ein eigenes VOMAG-Getriebe mit Schnellgang. Die bislang für den Fünftonner eher überdimensionierten Achsen wurden der erhöhten Tragfähigkeit angepasst.

Auf der Internationalen Automobilausstellung 1935 in Berlin wurde das neue Fahrgestell 6 LR 650 vorgestellt, das nunmehr die Lücke zwischen dem 5 Tonnen tragenden Zweiachser und dem großen Dreiachser mit 8 bis 9 Tonnen Nutzlast schloss. In der Serie wurde der Radstand dann auf 5,30 m verlängert. Der 6 LR 653 wurde mit etwa 500 ausgelieferten Exemplaren nicht nur ein großer Erfolg für die Vogtländer, sondern prägte sich einer ganzen Generation als der klassische VOMAG ein. Kaum ein Lastwagen dieser Zeit verfügte über ein derart imposantes Auftreten, hervorgerufen durch die lange und markante Schnauze, gepaart mit dem faszinierenden Klang des langhubigen Sechszylinders. Als schwerer Hängerzug war er nicht selten im Fernverkehr anzutreffen und galt als äußerst zuverlässig.

Weitere 300 Stück des erfolgreichen Sechseinhalbtonners gelangten in einer Neuauflage ab 1938 zum Kunden. Mit dem 6 LR 652 ging die VOMAG auch in dieser Klasse zum gekröpften Rahmen über und schlug optisch eine neue Richtung ein: Der 6 LR 652 war das Modell, mit dem der schrittweise Übergang zu einer runden Haube eingeleitet wurde – ganz dem Zeitgeschmack entsprechend. Vom eher kantigen, kraftvollen Auftritt der Marke wechselten die Plauener zu einem fließenderen Design. Das erstreckte sich schließlich auch noch auf das Fahrerhaus, dessen Ecken ebenfalls abgerundet wurden. Diesbezüglich setzte die VOMAG Maß-

Debüt des neuen VOMAG-Sechseinhalbtonners 1935 als Typ 6 LR 650.

stäbe, obwohl die Marke bis dato eher als konservativ galt. Technisch war der »Rundhauber« ebenso auf der Höhe seiner Zeit. Das Getriebe eigener Konstruktion oder auf Kundenwunsch auch von ZF war im Gegensatz zum Vorgänger nun mit dem auf 160 PS gesteigerten Motor verblockt. Bereits im Krieg stand für die VOMAG fest, dass man die Produktion auf eine Fließbandfertigung umstellen würde. Dafür vorgesehen war einzig der Sechseinhalbtonner. Der Sechszylindermotor hätte dann gar 200 PS abgegeben.

Abgeleitet vom Sechseinhalbtonner-Lastwagen konnte die VOMAG seit geraumer Zeit auch erstmals wieder mit einem Omnibustyp große Erfolge erzielen. Das Niederrahmen-Fahrgestell 5 OR 658 kam zum einen als »Eckhauber« und war vornehmlich für Stadtbusaufbauten gedacht. Eine ganze Reihe von Bussen ging in dieser Version an die Stadt Leipzig. Ab 1939 kam das Fahrgestell dann mit der runden Schnauze zur Auslieferung. Darauf entstanden sowohl viele einzeln zuge-

Die Sechseinhalbtonner

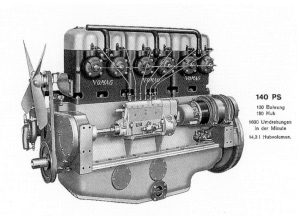

140 PS
130 Bohrung
180 Hub
1600 Umdrehungen in der Minute
14,3 l Hubvolumen.

Die Vorteile des Vomag-Wirbelkammer-Dieselmotors:

① Einspritzung des Gasöles in die Glühschale der vom Zylinderraum abgeschnürten Wirbelkammer.

② Hier — also nicht im Zylinder — erfolgt vollkommene Gemischbildung, d. h. zunächst Verdampfung des Gasöles beim Aufprallen auf die Glühschale und dann Durchwirbelung u. innige Verbindung des Oldampfes mit dem Sauerstoff der Luft, die durch den sinnreich ausgebildeten Übertrittskanal vom Zylinderraum in die Wirbelkammer strömt.

③ Dadurch restlose Verbrennung bei niedrigen Drücken in allen Belastungsstufen und bei plötzlichen Belastungswechsel.

④ Unerreichter Leerlauf durch die als Wärmespeicher wirkende Glühschale.

⑤ Niedrige Einspritzdrücke, daher unbegrenzte Haltbarkeit von Einspritzpumpe u. Düse.

⑥ Niedrige Verdichtung, daher geringe Verbrennungsdrücke und größte Schonung des Triebwerks.

⑦ Keine Oelkohlebildung, daher kein Verschleiß von Kolben und Zylinderlaufbahn.

⑧ Keine Oelverdünnung, da selbst bei Hängenbleiben der Einspritznadel der Brennstoff in der Glühschale verbrennt.

6½ t — 140 PS

Spielend **leichte Schraubenlenkung**. Für jedes Rad ein besonderer **Druckluft-Bremszylinder**. Die Bremse der Vorderräder kann bei Glatteis ausgeschaltet werden.
12 PS Anlasser. — Einspritzpumpe und Anlasser Fabrikat Bosch. — **Großer Kühler** mit auswechselbaren Elementen.

Motoraufhängung in elastischen Gummilagern. **4-Ganggetriebe** und besonderes **Schnellganggetriebe** (8 Gänge). **Zweischeibenkupplung**.

schnittene Omnibuskarosserien als auch eine größere Anzahl für die Kraftverkehr Sachsen A.-G. (KVG Sachsen) mit Aufbauten der Görlitzer WUMAG. Speziell für die KVG wurden 15 Stück mit Zwölfzylinder-Motoren von Maybach geliefert. Deren 300 PS entfalteten sich gewöhnlich vor allem in Panzern. Beim VOMAG 5 OM 1258 (= 5 Tonnen Nutzlast, Omnibus, Maybach-Motor, Zwölfzylinder, 5,80 m Radstand) verhalfen sie allerdings zusammen mit einem halbautomatisch arbeitenden Schaltreglergetriebe dem sächsischen Kraftverkehr zu den stärksten Omnibussen der Vorkriegszeit. Mit Flaschengas betrieben, meisterten sie die steigungsreichen Strecken des Erzgebirges.

Die Sechseinhalbtonner

6½ t — 140 PS

Auspuffseite.
500 Watt Bosch-Lichtmaschine
4 Batterien je 150 Amp. Std.

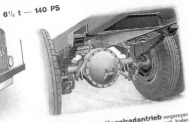

Spiralverzahnter Kegelradantrieb vorgezogen und in der Hinterachse breite Stirnradverzahnung, nach hinten herausnehmbar.
Stirnrad-Vorgelege.
Hinterachsgehäuse aus Spezialstahl im Gesenk aus einem Stück geschmiedet. — Unverwüstlich und völlige Entlastung der Seitenwellen von Biegungsbeanspruchungen.

6 t — 100 PS

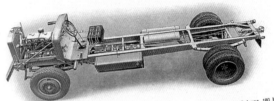

130 Bohrung, 180 Hub
1600 Umdrehung. i. d. M.

6 t Fahrgestell für 7500 kg Tragfähigkeit, 100 PS Dieselmotor,
4-Ganggetriebe (auf Wunsch Schnellganggetriebe, 8 Gänge).
Knorr-Druckluft-Vierradbremse wie umstehend. Fahrgestellkonstruktion für besonders robuste Konuskupplung, auf Wunsch mit Zusatzgetriebe für Kipperantrieb. Fahrgestellkonstruktion für besonders robuste Betriebe geeignet. Der Motor hat bei günstiger Triebwerkübersetzung auch im Gebirge hervorragendes Zugvermögen.

Kraftübertragung vom Getriebe zur Hinterachse durch **Rohrwellen** mit unverwüstlichen, elastischen **Gummiblock-Gelenken** — keine Wartung.

Lange und breite **Abwälzfedern** in Gleitlagerung.

Rahmentragfähigkeit 8000 kg.

6½ t Pritschenwagen mit Hamburger Verdeck.

Kräftiger breiter Rahmen, Profil 242 mm hoch mit breiten Flanschen aus hochwertigstem, zähem Spezialstahlblech mit reichlich bemessenen Querträgern — große Elastizität und Winkelsteifigkeit — für Betrieb mit **Dreiachs-Anhänger.**
Knorr-Druckluft-Vierradbremse organisch mit dem Fahrgestell verbunden — **für jedes Rad ein besonderer Bremszylinder.** Beste und wirksamste Bremse der Welt, idealer Bremsausgleich.
2 Druckluftkessel, durchgehende **Druckluftbremse** für Anhänger, Anhängekupplung, unfalsicher, federnd mit Fangschale.

Die Sechseinhalbtonner

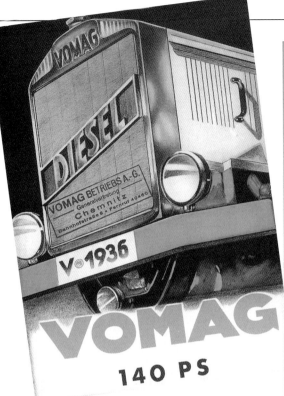

Wenn VOMAG zur Legende wurde, dann vor allem dank dieses Wagens: Der Fernverkehrstyp 6 LR 653.

Gesamt-Nutzlast 20 t Maschinenwagen und 2 Anhänger gesetzlich zulässige Gesamtlänge 22 m

Gesamt-Nutzlast 17 t Maschinenwagen und 1 Dreiachsanhänger

Die Sechseinhalbtonner

Die Sechseinhalbtonner

Die Sechseinhalbtonner

Die Sechseinhalbtonner

VOMAG 6 LR 652 von 1938: Zweite Generation des erfolgreichen Fernlastwagens mit formschön abgerundeter Haube und gefälligerem Fahrerhaus.

VOMAG-Stadtomnibus 5 OR 658 mit Aufbau von Schumann (Werdau) für die Große Leipziger Straßenbahn.

Die Sechseinhalbtonner

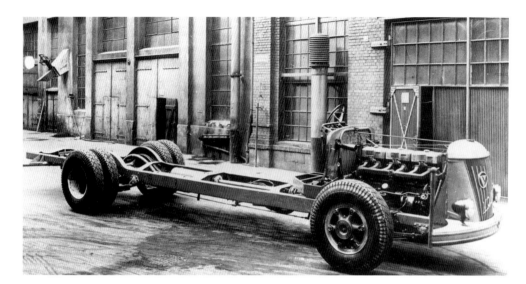

Ein echter Erfolgstyp: Das vom Lastwagen 6 LR abgeleitete Niederrahmen-Omnibuschassis 5 OR 658 von 1939.

Nicht nur auf Büssing-NAG, auch auf VOMAG 5 OR 658 baute Gaubschat in Berlin seine »D-Züge der Landstraße« – die ersten deutschen Gelenkbusse.

Die Sechseinhalbtonner

Gekennzeichnet durch horizontale Streben in der runden Schnauze, verbarg die breiter als üblich ausfallende Haube den Zwölfzylinder-Maybach-Motor. Den Aufbau des 5 OM 1258 für die KVG Sachsen fertigte die WUMAG in Görlitz.

Dreiachser (II)

Die von den Nationalsozialisten angekurbelte Motorisierung verhalf in den ausgehenden Dreißigern auch dem jährlich in ein bis zwei Dutzend Exemplaren gebauten VOMAG-Dreiachser wieder zu steigenden Stückzahlen. Als Omnibuschassis erlangte er ab 1935 neue Bedeutung. Nicht allein für die Reichspost wurde der Dreiachser als Typ 7 OR 660 (= 7 Tonnen Nutzlast, Omnibus, Rohölmotor, Sechszylinder, 6,60 m Radstand) bis 1939 in mehr als 50 Exemplaren gebaut. Die geräumigen Karosserien fertigte die Waggonfabrik vorm. Busch in Bautzen. Neben dem ebenfalls anzutreffenden O 10 000 von Mercedes-Benz war der VOMAG-Dreiachser das Spitzenmodell im Fuhrpark der Deutschen Reichspost. Viele der unverwüstlichen Boliden aus Plauen gingen in den Wirren des Krieges verloren, blieben auf den unwegsamen Schlachtfeldern in Russland liegen oder wurden zerstört. Nur wenige begleiteten nach dem Krieg noch den Neuanfang der Deutschen Post in Ost und West.

Ein ähnliches Schicksal erlitten auch die großen dreiachsigen Lastwagenfahrgestelle der VOMAG. Von 1935 bis 1939 in etwa 100 Exemplaren verkauft, überlebten nur wenige den Krieg. Es waren Giganten der Straße, die als Typ 8 LR mit vier wechselnden Radständen

Der VOMAG-Dreiachser 7 OR 660 war unter den Reichspost-Bussen in der zweiten Hälfte der dreißiger Jahre eine allseits bekannte Erscheinung.

Dreiachser (II)

Motorstärke	150 PS
Bohrung	130 mm
Hub	180 mm
Zylinderinhalt	14,33 l
Umdrehungen in der Minute	1500
Getriebe	4 Vorwärtsgänge und Maybach-Schnellganggetriebe
Geschwindigkeit	68 km
Radstand	6000 + 1350
Bremsen	6-Rad-Knorr-Druckluft
Wendekreis	26,5 m
Brennstoffverbrauch	ca. 33 kg
Karossable Länge	10290 mm
Bereifung	12,75 × 20″
Eigengewicht des Fahrgestells	7800 kg
Anzahl der Sitzplätze je nach Anordnung etwa	40–50

Dreiachs-Omnibus

den das Plauener Werk verlassen hatten und schon damals als das Flaggschiff so mancher Spedition galten. Sie verfügten wie die konstruktiv verwandten Sechseinhalbtonner über den großen Sechszylindermotor mit 150 und zuletzt 160 PS.

Aufbauseitig handelte es sich zumeist um Einzelstücke mit Fernverkehrspritsche sowie um Koffer- oder Thermoswagen. Soweit bekannt, hat indes keiner dieser beeindruckenden Kolosse die Wirren der Zeit überlebt.

Dreiachser (II)

Der Typ 8 LR war das Spitzenprodukt der Plauener Nutzfahrzeugmarke. Wenn man sich heute noch an die Lastwagen dieses Herstellers erinnert, dann wegen der Größe und der Leistung dieses Typs. Sein Ruf war legendär.

Dreiachser (II)

Dreiachser (II)

Federung, Tragachse und Antriebsachsen:

Vorn: Lange und breite Abwälzfedern in Gleitlagerung.
Hinten: Übereinander seitlich am Rahmen liegende **Doppelfedern**, deren Federaugen in Bosch-Silentblöcken gelagert sind.
Eine Schmierung und Wartung von Federbolzen ist auch nach jahrelangem Betrieb nicht erforderlich. Die Federenden sind vorn und hinten je mit einem gemeinsamen Stahlgußgehäuse verbunden, die im Innern breite Gummilager von 200 mm Durchmesser enthalten und die Antriebsachsen umschließen. Diese elastische Aufhängung schont die Hinterfedern vor zusätzlichen Fahrdrehungsbeanspruchungen, da alle auftretenden Achsverwindungen, durch unebene Fahrbahn hervorgerufen, von diesen Gummilagern aufgenommen werden, durch welche Wartung ist auch bei dieser unverwüstlichen Ausführung nicht erforderlich.
Die Hinterfedern übertragen auch den **Schub der Hinterräder** auf die **Tragachse**, die zwischen den beiden hinteren Triebachsen fest verbunden liegt. Diese Tragachse ist mit den Fahrgestell durch Stahlgußlager versehenen Bronzebüchsen versehen und trägt an ihren Enden die drehbar gelagerten, reichlich bemessenen Federsattelgehäuse. Die Tragachse übernimmt also den Schub und verteilt die Rahmenbelastung auf die Tragfedern und somit auf die **Antriebsachsen**. Diese Achsen haben je ein Stirnradvorgelege und spiralverzahnten Kegelradantrieb.

Die Antriebe liegen symmetrisch außer Wagenmitte, während die Welle, die Kraft vom vorderen zum hinteren Antrieb überträgt, in Wagenmitte liegt. Die durch die Wirkung des Antriebs- und Bremsmomente hervorgerufenen Reaktionskräfte werden durch Träger aufgenommen, die in Bosch-Silentblöcken gelagert sind. Die Antriebsteile beider Triebachsen sowie Antriebsgehäuse und Hinterachsbrücken sind in Konstruktion und Abmessungen einheitlich. Die **gleichmäßige Verteilung des Drehmoments** auf beide Antriebsachsen wird durch eine starre Verbindungswelle erreicht, die mit beiden Vorgelegewellen der Achsantriebe unmittelbar durch Stahllamellen gekuppelt ist.

VOMAG-*Dreiachs*-Lastkraftwagen
für etwa 9 t Nutzlast, Rahmentragfähigkeit 11 000 kg,
Typ 8 LR 654 für 6,5 m Ladelänge • Typ 8 LR 658 für 7 m Ladelänge
mit 150 PS VOMAG-Wirbelkammer-Dieselmotor

Kupplung: Zweischeibentrockenkupplung System „Mecano".
ZF-Getriebe mit angeblocktem Maybach-Schnellganggetriebe: 4 Vorwärtsgänge und 1 Rückwärtsgang, Räder mit großen Zahnbreiten. Übersetzung des Schnellganggetriebes 1,42 : 1. Bei eingerücktem Schnellganggetriebe wird das Getriebe von 4 Gängen auf 6 Vorwärtsgänge erhöht, Schonung von Motor und Gesamttriebwerk und erhebliche Ersparnis an Brennstoff.
Bremsanlage: Knorr-Druckluft-Sechsradbremse mit 6 Bremszylindern, also für jedes Rad ein besonderer Bremszylinder. 2 große Druckluftkessel 120 l, Kompressor für 180 l Leistung in der Minute. Zwei voneinander unabhängige Handbremsen, wovon die rechte auf die hintere und die linke auf die vordere Antriebsachse wirkt. Die Druckluftbremse der Vorderräder kann bei Glatteis ausgeschaltet werden. Die Bremstrommeln der Vorderräder haben einen Durchmesser von 400 mm, der Hinterräder von 550 mm. Die Breite der Bremsbacken beträgt vorn 80 mm, hinten 120 mm. Dadurch auch bei schwierigsten Geländeverhältnissen zuverlässige Bremswirkung bei geringstem Verschleiß.
Räder und Bereifung: Stahlguß-Speichenräder mit abnehmbaren Felgen 11—20", eingerichtet für Riesenluftbereifung 12,75—20" (bzw. gegen Mehrpreis 13,50—20"). Gesamttragfähigkeit der Reifen 20 400 bzw. 24 000 kg.
Lenkung: Spielend leichte ZF-Roßlenkung.
Batterien: 4 Batterien à 105 Amp/Stde., gegen Nässe geschützt unter dem Führersitz.
Reifenwächter: Eine vollständige Reifenwächteranlage mit Anschluß für den Anhänger.
Anhängerkupplung: Unfallsicher, federnd, mit Fangschale.

Moderne Kriegstypen

Mit Beginn des Krieges griffen die Typenbeschränkungen der Nationalsozialisten. Der Generalbevollmächtigte für das Kraftfahrtwesen erlaubte allen Herstellern nur noch die Fertigung einzelner Einheitstypen. (Diese Einschränkung wurde als »Schell-Plan« bekannt und trug somit den Namen ihres Urhebers.) Zunächst durfte die VOMAG noch den Sechseinhalbtonner weiter produzieren, ab 1940 wurde ihr jedoch die Dreitonnen-Klasse zugewiesen. Schwere Fernverkehrslaster wurden im Krieg führenden Deutschland kaum noch gefertigt, weil sie militärisch nur im Bereich des Nachschubs eingesetzt werden konnten. Für diese Zwecke hatte man aber bereits die vorhandenen Fahrzeuge der Privatwirtschaft requiriert.

Abgesehen von den in kleinen Stückzahlen abgelieferten »Einheitsdieseln« ist die VOMAG der einzige große Nutzfahrzeugproduzent, der in den Kriegsjahren nicht direkt Lastwagen für die Wehrmacht baute. Die Firma in Plauen produzierte vielmehr für die Deckung des Bedarfs hinter der Front, wo ebenfalls Fahrzeuge gebraucht wurden, um kriegswichtige Aufgaben im Innern des Reichsgebiets zu übernehmen. Das mag zum einen am geringen Ausstoß des Plauener Werkes gelegen haben, dürfte aber wohl auch auf die Erfahrung der VOMAG zurückzuführen sein, die diese mit der Verwendung von heimischen Brennstoffen als Antrieb hatte. Während flüssiger Treibstoff für die Front reserviert war, mussten alle in der Heimat verbliebenen Fahrzeuge mit Festbrennstoffen betrieben werden. Mit ihren für Holzgasbetrieb ausgelegten Triebwerken war die VOMAG geradezu prädestiniert dafür.

So wurde durch Bezugsschein so mancher Kohlenhändler oder Milchhofeigner ab 1940 Besitzer des neuen VOMAG 3 LHG (= 3 Tonnen Nutzlast, Lastwagen, Holzgasantrieb). Serienmäßig mit dem Imbert-Holzgasgenerator ausgestattet, leistete der kleine Rundhauber 75 PS. Innerhalb des einzigen Baujahres entstanden immerhin 600 Exemplare dieser Lastwagen in den Hallen der VOMAG.

1941 erhielt die VOMAG vom Generalbevollmächtigten die Zuweisung der Viereinhalbtonnen-Klasse. Abgeleitet vom 5 LR entstand das neue Holzvergaser-Modell 4,5 LHG. Trotz

Mit dem Holzvergaser-Typ 3 LHG ging die VOMAG 1940 in die Kriegsfertigung.

des zusätzlichen Eigengewichts des im Fahrerhaus integrierten Imbert-Generators wurde die vorgeschriebene Nutzlast von etwa 4500 kg durch die ehemals für 5 Tonnen ausgelegte Konstruktion eingehalten. Die aufgebohrte Version des schweren Vierzylindermotors gestattete trotz eines Leistungsverlusts von 25 % bei Holzgasbetrieb weiterhin eine Leistung von 100 PS. In der formschönen Einheit von abgerundeter Haube, langem Fahrerhaus mit vorgezogener Dachkante und gebogener Stoßstange wurde der 4,5 LHG zu einem der gelungensten Modelle. Mit mehr als 700 gebauten Exemplaren bildete er zugleich den Abschluss einer Ära: Die Fertigung konnte nur bis 1943 aufrecht erhalten werden, dann wurden zugunsten der Panzerproduktion monatlich nur noch einzelne Exemplare fertig gestellt. Im November 1944

Moderne Kriegstypen

wurden die letzten beiden Lastwagen aus Ersatzteilbeständen zusammengesetzt.

Von beiden Modellen, dem Drei- und dem Viereinhalbtonner, gab es wiederum Omnibusse. Nach einer Konstruktion des Omnibuspioniers Dr. Deiters von der Universität Münster/Westf. wurden die Typen 3 OHG und 4,5 OHG in selbsttragender Bauweise bei der Karosseriefabrik Harmening in

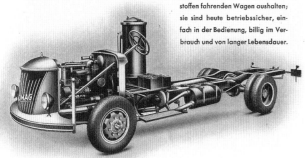

Wie entsteht Holzgas?

Die Holzgasanlage (Fabrikat Imbert) umfaßt den Gaserzeuger (Holzvergaser) und die Gasreinigungs- und -kühlanlage. Der Holzgaserzeuger ist ein doppelwandiger Stahlblechzylinder, dessen innerer Mantel unten in einem Feuerherd endet. Der Schacht oberhalb des Herdes nimmt den Holzvorrat auf. Im Herd und in einem Ringraum um den Herd herum befindet sich Holzkohle, die nur bei der ersten Inbetriebnahme eingefüllt werden muß, da sie sich später aus dem verschwelten Holz selbst ergänzt.

Die Wirkungsweise des Holzvergasers beruht auf einem Schwelvorgang. Der Motor saugt sich jeweils die benötigte Gasmenge aus dem Gaserzeuger. Bei dem hierbei entstehenden Unterdruck wird die für den Vergasungsvorgang erforderliche Luft angesaugt. Die Luft kommt in eine Luftkammer und verteilt sich dort durch Düsenrohre und Düsen in das Herdinnere. Vor und unter den Düsen liegt Holzkohle, oberhalb der Düsen liegt das Holz.

Nach Füllung des Gaserzeugers mit Holz wird ein Anfachgebläse, das von einem kleinen, durch die Wagenbatterie gespeisten Elektromotor angetrieben wird, in Betrieb gesetzt und vor das Luft- und Zündloch eine brennende Lunte geführt, deren Flamme die vor den Düsen liegende Holzkohle entzündet. Schon nach 3 - 5 Minuten ist gutes, brennbares Holzgas vorhanden und der Motor kann dann angelassen werden.

Das Anfachgebläse wird nun ausgeschaltet, da der in Betrieb gesetzte Motor das erforderliche Holzgas selbst ansaugt und hierbei die glimmende Holzkohle weiter anfacht. Durch die im Herdinnern entstehende Hitze wird das oberhalb der Düsen befindliche Holz allmählich zu Holzkohle verschwelt. Die dabei entwickelten Schwelgase und Dämpfe können nur abwärts in die Feuerzone ziehen, wo infolge Einschnürung des Herdstutzens stets eine hohe Temperatur (700 - 1400°) herrscht, so daß der in den Schwelgasen enthaltene Teer, Holzessig usw. restlos zersetzt und in gut brennbare Gase umgewandelt werden.

Da das Holzgas beim Durchgang durch die Holzkohle Staub und feine Ascheteilchen mitreißt und aus der Luftfeuchtigkeit noch unzersetzten Wasserdampf enthält, wird es hiervon in einer Reinigungsanlage befreit und in einem Gaskühler auf die erforderliche Temperatur herabgesetzt.

Als Tankholz eignet sich jede deutsche Holzart. Am besten verwendet man Hartholz (vorzugsweise Buche) oder eine Mischung Hartholz und Weichholz, etwa 1 : 1. Das Holz muß lufttrocken oder künstlich getrocknet sein (Feuchtigkeit 10-25%).

Die Imbert-Holzgasanlage ist so robust und einfach, daß jeder tüchtige Fahrer leicht mit ihr umgehen kann. Wie bei jeder Maschine, sind richtige Bedienung und gute Pflege Voraussetzung für die Zuverlässigkeit und Leistungsfähigkeit der Holzgasanlage. Deshalb wird jeder Fahrer vor Ablieferung des neuen Fahrzeugs in einem Sonderkursus gründlich ausgebildet.

Am Führerhaus liegt ein Holzvorratsraum für 3 bis 4 Kesselfüllungen mit 2 verschiebbaren Absperrschiebern zur Erleichterung des Holzeinfüllens und der Holzentnahme.

Herausziehbare Rohrleiter zum bequemen Holzeinfüllen in den Gaserzeuger.

VOMAG MASCHINENFABRIK AG. PLAUEN i.V.

Bückeburg aufgebaut. Grundlage bildeten statt der bisher verwendeten Leiterrahmen nun Kastenprofile, auf denen das Skelett errichtet wurde. Die Verkleidung des Aufbaus mit Buchen-Sperrholzplatten, so genanntem Delignit, war ebenso revolutionär wie das Gesamtkonzept. Im Heck der Wagen wurde formschön der Imbert-Holzvergaser integriert. Der Holzvorrat fand unter einer Haube auf dem Dach Platz.

Moderne Kriegstypen

Pritschenaufbau: Lichte Länge 4 Meter, Lichte Breite 2,15 Mtr., Lichte Höhe 0,5 Mtr. (Ausrüstung mit Plane und Spriegel auf besonderen Wunsch), Seitenwände und Rückwand abklappbar.

Führerhaus und Holzvorratsraum: Sitzgelegenheit für 3 Pers., mit angebautem, verschließbarem Holzvorratsraum für 1 cbm, ausreichend für 400-500 km in ebenem Gelände ohne Anhänger, 2 Türen mit Kurbelfenstern.

Ladehöhe belastet .... etwa 1080 mm
Gesamtlänge des Wagens ... etwa 7600 mm
Gesamtbreite des Wagens ... etwa 2300 mm
Gesamthöhe des Wagens (bis Oberkante Führerhaus unbelastet) .... etwa 2350 mm

Fahrgestellgew. betriebsfertig etwa 3750 kg
(Vorderachsdruck .... etwa 2360 kg)
(Hinterachsdruck .... etwa 1390 kg)

Wagengewicht komplett mit Führerhaus und Pritsche .... etwa 4600 kg
(Vorderachsdruck .... etwa 2650 kg)
(Hinterachsdruck .... etwa 1950 kg)

Wagengewicht komplett mit Pritsche, Führerhaus, Zubehör, Werkzeug, Reservereifen und 100 kg Brennholzvorrat .... etwa 4875 kg
(Vorderachsdruck .... etwa 2730 kg)
(Hinterachsdruck .... etwa 2145 kg)

Wagen-Gesamtgewicht mit Nutzlast und 1 Fahrer .... etwa 8450 kg
(Vorderachsdruck .... etwa 2800 kg)
(Hinterachsdruck .... etwa 5650 kg)

Nutzlast .... etwa 3500 kg

Technisch zulässige Rahmen-Tragfähigkeit .... etwa 4700 kg

Ausrüstung: 2 Scheinwerfer, 2 Begrenzungs- und 2 Schlußlampen, Armaturenbeleuchtung, 1 Abblendschalter, 1 elektr. Horn, 2 Fahrtrichtungs-Anzeiger, 1 Rückblickspiegel, 1 Kilometerzähler mit Geschwindigkeitsmesser, mech. Wagenheber, 1 Reservereifen unbereift, 1 vord., 1 hinteres Nummernschild, 2 Scheibenwischer, 1 Deckenbeleuchtung im Führerhaus, Druckluftbrems- und Beleuchtungsanschluß für den Anhänger, 1 Satz Werkzeug und Reserveteile.

Techn. Einzelheiten des Fahrgestells:
Kupplung: VOMAG-2-Scheiben Trockenkupplung.
Getriebe: 4 Vorwärtsgänge.
Übersetzung des Getriebes:
1. Gang = 1 : 5,8 oder 1 : 4,85
2. Gang = 1 : 3,41 oder 1 : 2,84
3. Gang = 1 : 1,95 oder 1 : 1,63
4. Gang = 1 : 1 oder 1 : 1

Vorderachse: Faustachse aus Vergütungsstahl in I-Profil gepreßt.
Hinterachse: Aus nahtlosem Stahlrohr gezogen, gepreßt und geschweißt. Spiralverzahnte Antriebskegelräder Z = 8,45, i = 5,63 (Berg-Übersetzung 7 : 45, i = 6,43).
Gelenkwellen vom Getriebe zur Hinterachse. Vord. Welle: Elast. Gummiblockgelenkwelle. Hintere Welle: Rollenkardangelenkwelle.
Lenkung: Münz- bzw. Roßlenkung.
Bremsanlage: Knorr-Druckluft-4-Radbremse mit Perrot-Bremsaggregaten und Bremsanschluß für Anhänger.
Federung: Lange und breite Abwälzfedern in Gleitlagerung.

Rahmen: Stahlblech-gepreßte 190 mm hohe U-Profilrahmen mit Querträgern vernietet, geeignet für Betrieb mit Anhänger.
Räder: Stahlblech-Scheibenräder mit Felge 7"-20.
Bereifung: Riesenluftreifen 8,25-20 extra, vorn einfach, hinten doppelt, Tragfähigkeit je Reifen 1410 kg.
Wendekreis-Ø: 16,5 m (an den äußeren Vorderrad gemessen).
Bodenfreiheit: Vorderachse 270 mm, Hinterachse 230 mm, Motor 315 mm.
Anhängekupplung: Anhängekupplung für Gesamt-Anhängelast von 6500 kg, in unfallsicherer Ausführung.
Steigungsvermögen voll belastet: a) ohne Anhänger etwa 20 %, b) mit 1 Anhänger von 6,5 t Gesamtgewicht etwa 11 %.
Geschwindigkeiten:
1. Gang 8,5 km/Std. oder 10,5 km/Std.
2. Gang 15 km/Std. oder 18 km/Std.
3. Gang 26 km/Std. oder 31 km/Std.
4. Gang 51 km/Std. oder 51 km/Std.
Radstand: 4300 mm

Moderne Kriegstypen

Seit 8 Jahren bauen wir Holzgaswagen. Schon im Jahre 1934 war ein 6 t.-VOMAG - Holzgaswagen erfolgreich an der ersten internationalen Alpenwertungsfahrt mit Ersatzbrennstoffen beteiligt. Die Bilder zeigen einen 6 t.-VOMAG mit Vollast auf dem gefürchteten Katschberg (28-32 % Steigung) und auf dem St.-Gotthard-Paß.

Schon der Vergleich im Aussehen zwischen der damaligen Ausführung des Holzgas-Lastwagens und der heutigen kennzeichnet die Entwicklung.

Eine Lieferung Holzgaswagen nach Jugoslawien.

Moderne Kriegstypen

Der 4,5 LHG wurde krönender Abschluss einer 30-jährigen Tradition des Lastwagenbaus der VOMAG. Die weichen, runden Linien der äußeren Gestaltung und der im Fahrerhaus integrierte Holzvergaser ließen ihn gut proportioniert erscheinen.

Technische Angaben über 4½-to-Vomag-Holzgas-Lastfahrzeuge Type 4,5 L HG

	Typenbezeichnung		4,5 L HG 448 Pritschenwagen	4,5 L HG 444 motorischer 3-Seitenkipper	4,5 L HG 444 für Langholztransp. mit Drehschemel
Motor	Motor-Type		4 G R 4080 HG	4 G R 4080 HG	4 G R 4080 HG
	Motor-Bauart		Zweiblock	Zweiblock	Zweiblock
	Zylinder-Zahl		4	4	4
	Bohrung	mm	140	140	140
	Hub	mm	180	180	180
	Zylinder-Inhalt	Ltr.	11	11	11
	Umdrehung des Motors pro Minute		1500	1500	1500
	Motor-Leistung	PS	100	100	100
	Verdichtung		1:8,6	1:8,6	1:8,6
	Gaserzeuger-Anlage		Imbert-Generator-Anlage mit Holzvergas. Type 6 MR 650/21		
	Holzverbrauch für 100 km Fahrt ohne Anhänger	kg	100÷140	100÷140	100÷140
	Ölverbrauch für 100 km Fahrt	kg	0,8÷1	0,8÷1	0,8÷1
	Inhalt des Holzvorratsraumes		1 cbm, entsprechend 350–400 kg		
	Inbetriebnahme des Motors		Durch elektrisches Anfachgebläse starten mit Holzgas nach 3–5 Minuten		
	Anlasser		6 PS, 24 Volt	6 PS, 24 Volt	6 PS, 24 Volt
	Lichtmaschine		300 Watt, 12 Volt	300 Watt, 12 Volt	300 Watt, 12 Volt
	Batterien		2 Stück à 105 Amp/st		
Fahrgestell	Kupplung		2-Scheiben-Kupplung		
	Lenkung		Roßlenkung		
	Getriebe		ZF-Viergang-Getriebe Kb 50		
	Übersetzung des Getriebes		1. Gang = 1:4,9 / 2. Gang = 1:2,84 / 3. Gang = 1:1,63 / 4. Gang = 1:1		
	Schnellgang (Übersetzung)		Maybach-Schnellgang SG 70 (1,41:1)		
	Hinterachse		Kegelrad-Antrieb mit Stirnrad-Vorgelege		
	Übersetzung der Hinterachse		Kegelräder 9:31, Stirnräder 21:51, Gesamt 1:8,38		
	Geschwindigkeiten 1. Gang	km/st	6,9		
	2. Gang	km/st	12		
	3. Gang	km/st	21		
	4. Gang	km/st	34		
	Schnellgang	km/st	48		
	Steigungsvermögen im 1. Gang ohne Anhänger	%	27		
	mit 1 Anhänger — 11 t Gesamtgewicht	%	12,5		
	Bremsanlage		Knorr-Druckl.-4-Radbremse, Handbremse auf Hinterrad wirk.		
			Zentral-Schmierung		
	Radstand	mm	4800	4400	4400
	Wendekreis (am äußeren Vorderrad gemessen)	m	17	16	16
	Spurweite	mm	vorn 1790, hinten 1747		
	Räder		Stahlguß-Speichenräder mit Felge 8"– 20		
	Bodenfreiheit Vorderachse	mm	265	265	265
	Hinterachse	mm	260	260	260
	Motor	mm	340	340	340
Aufbau	Ladefläche im Lichten	mm	4800 x 2250	3800 x 2200	Drehsch. 2100x1200
	Höhe der Seitenwände	mm	600	600	—
	Laderaum der Pritsche	m³	6,5	3,4	—
	Größte Länge über alles	mm	8750	7750	7260
	Größte Breite über alles	mm	2420	2370	2370
	Größte Höhe des Wagens unbeladen, ohne Plane und Spiegel	mm	2830 = Oberkante Gaserzeuger		
	Höhe der Ladefläche über dem Erdboden, belastet	mm	ca. 1200	ca. 1280	ca. 1370
	Offertzeichnung im Maßstab 1:50	Nr.	735 48 10	735 44 08	735 44 09
Gewichte bei Bereifung 270–20	Bereifung: vorn einfach, hinten doppelt		270–20	270–20	270–20
	Tragfähigkeit der Bereifung (zur Zeit zulässig)	kg	6 x 1875 = 11 250	6 x 1875 = 11 250	6 x 1875 = 11 250
	Eigengewicht des betriebsfertigen Fahrgestelles (mit gefülltem Gaserzeuger)	kg	5000	5000	5000
	Gewicht des Zubehörteile (Werkzeug, Wagenheber, Reserverreifen und sonst. Zubehör)	kg	165	165	165
	Technisch zulässige Rahmenbelastung (Aufbau + Nutzlast + Zubehör)	kg	7000	7000	7000
	Zulässige Rahmenbelastung bei zur Zeit zulässiger Reifentragfähigkeit	kg	6250	6250	6250
	Nutzlast	ca. kg	4800	4500	4800
	Gewicht des betriebsfertigen Wagens mit Zubehör, Nutzlast und 1 Fahrer	kg	11250	11250	11250
	Vorderachsdruck	kg	3750	3750	3750
	Hinterachsdruck	kg	7500	7500	7500
Gewichte bei Bereifung 9,75–20	Bereifung: vorn einfach, hinten doppelt		9,75–20	9,75–20	9,75–20
	Tragfähigkeit der Bereifung (zur Zeit zulässig)	kg	6 x 1815 = 10 890	6 x 1815 = 10 890	6 x 1815 = 10 890
	Eigengewicht des betriebsfertigen Fahrgestelles (mit gefülltem Gaserzeuger)	kg	5000	5000	5000
	Gewicht des Zubehörteile (Werkzeug, Wagenheber, Reserverreifen und sonst. Zubehör)	kg	165	165	165
	Technisch zulässige Rahmenbelastung (Aufbau + Nutzlast + Zubehör)	kg	7000	7000	7000
	Zulässige Rahmenbelastung bei zur Zeit zulässiger Reifentragfähigkeit	kg	5890	5890	5890
	Nutzlast	ca. kg	4500	4200	4500
	Gewicht des betriebsfertigen Wagens mit Zubehör, Nutzlast und 1 Fahrer	kg	10890	10890	10890
	Vorderachsdruck	kg	3630	3630	3630
	Hinterachsdruck	kg	7260	7260	7260

VOMAG MASCHINENFABRIK AG. / PLAUEN I. VOGTL.

Moderne Kriegstypen

In das bewährte 5–5½-Tonnen-Diesellastwagen-Fahrgestell ist die Imbert-Holzvergaser- und -Reiniger-Anlage organisch so eingebaut, daß alle Teile leicht zugänglich sind (Abb. 1).

Der auf 11 Liter vergrößerte Vierzylinder-Holzgasmotor ist in seiner Grundkonstruktion wie der Wirbelkammer-Dieselmotor gebaut. Abweichend davon erhält er nur Zylinderköpfe mit Zündkerzen und einem in seiner Größe veränderlichen Einsatz (Abb. 2), durch den das Verdichtungsverhältnis dem jeweiligen Treibstoff angepaßt werden kann. Grundsätzlich besteht also für später die Umstellmöglichkeit auf Gasölbetrieb.

Der Motor ist in Schwingmetall-Gummikissen gebettet. Führerhaus, Spritzwand und Lenkung sind dadurch praktisch erschütterungsfrei (s. Abb. 3).

Als ganz besonders bemerkenswerte Bauelemente sind noch hervorzuheben die geschmiedete Banjo-Hinterachse mit dem

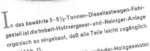

schräg verzahnten Kegelradantrieb und robustem Stirnradvorgelege (Abb. 4) sowie die vierteiligen breiten Bremsbacken, von denen das eine Paar zusammen mit der Vorderradbremse zur Fußbremse gehört, das andere Paar, unabhängig von diesem, der Handbremse zugeordnet ist. Die Fußbremse ist eine Knorr-Druckluftbremse mit 4 auf jedes Rad wirkenden Bremszylindern (Abb. 5).

Unsere langjährige Erfahrung findet ihren besten Ausdruck in der uns 1934 bei der ersten Internationalen Alpenwertungsfahrt mit Ersatzbrennstoffen vom Österreichischen Kuratorium für Wirtschaftlichkeit zuerkannten Silbernen Plakette (Abb. 6). Aber auch die zweckmäßige Ausgestaltung des Fahrzeuges legt Zeugnis davon ab, daß wir unsere Erfahrungen angewendet haben. Der Gaskühler liegt unter dem Kühlervorbau, ist aber durch die aufklappbare Kappe leicht zugänglich (Abb. 1). Der Generator ist teilweise in das Führerhaus eingebaut und hat eine formschöne und praktische Verkleidung erhalten (Abb. 7 und 8). Das Führerhaus ist reichlich breit und besitzt neben ausstellbarer Windschutzscheibe und Kurbelfenstern an beiden Seiten noch ausschwenkbare Entlüftungsfenster (Abb.7). Am Generator ist eine herausstellbare Rohrleiter zum bequemen Nachfüllen angebracht (Abb.8). Das Führerhaus hat auf der dem Generator gegenüberliegenden Seite einen Holzvorratskasten mit verstellbaren Absperrschiebern erhalten (Abb.9), etwa 3 Generatorfüllungen faßt. Da mit einer Füllung mindestens 100 km gefahren werden können, entspricht der Gesamtbrennstoffvorrat einer Leistung von reichlich 400 km.

Moderne Kriegstypen

Der vom Dreitonner abgeleitete Omnibus 3 OHG trug 1940 den Imbert-Holzvergaser im Heck. Gekonnt verkleidet, bildete er mit dem Fahrzeug eine ansprechende Einheit.

Wie schon sein kleinerer Vorgänger bewies auch der VOMAG 4,5 OHG, dass Treibstoffmangel und fehlende Materialien nicht unbedingt auf Kosten der Ästhetik gehen müssen. Verantwortlich für die wegweisende Konstruktion selbsttragender Omnibusse zeichnete Dr. Deiters, der bereits weit reichende Erfahrungen auf diesem Gebiet besaß.

Helden der Arbeit

Feuerwehr- und Rettungsfahrzeuge der DDR 1945–1989
Feuerwehren und Rettungsdienste hatten in der DDR einen ansehnlichen Fuhrpark. Diese Sammlung stellt die wichtigsten Fahrzeuge in den Hersteller-Katalogen vor.
96 Seiten, 156 Bilder, davon 10 in Farbe
Bestell-Nr. 87177 € 12,–

Achim Gaier, **Nutzfahrzeuge in der DDR Band 1**
Eine Zeitreise in Sachen DDR – ein Reprint mit den interessantesten Beiträgen aus dem »MOTOR-JAHR« über Lastwagen, Trecker und Omnibusse made in DDR.
208 Seiten, 300 Bilder
Bestell-Nr. 87193 € 16,–

Achim Gaier, **Nutzfahrzeuge in der DDR Band 2**
Auch der zweite Band beschäftigt sich mit dem vielfältigen Angebot an Nutzfahrzeugen in der DDR.
200 Seiten, 361 Bilder
Bestell-Nr. 87210 € 16,–

Rönicke/Melenk, **Helden der Arbeit**
Diese Dokumentation widmet sich der Geschichte von Framo und Barkas, von Phänomen und Robur und den anderen Herstellern im real existierenden Sozialismus.
192 Seiten, 270 Bilder, davon 110 in Farbe
Bestell-Nr. 87226 € 26,–

Frank Rönicke, **Verdiente Aktivisten**
Akribisch recherchiert und üppig bebildert, liefert dieser Band einen kompletten Überblick über das, was im Arbeiter- und Bauernstaat die Felder bestellte.
192 Seiten, 257 Bilder, davon 132 in Farbe
Bestell-Nr. 87233 € 26,–

IHR VERLAG FÜR AUTO-BÜCHER
Postfach 10 37 43 · 70032 Stuttgart
Telefon (07 11) 21 08 065 · Telefax (07 11) 21 08 070
www.paul-pietsch-verlage.de

Stand Januar 2004
Änderungen in Preis und Lieferfähigkeit vorbehalten